난생 처음
부동산 사무실을
차렸습니다

흔들리지 않고 중개 시장에서 살아남는 사업 멘탈 만드는 법

난생 처음 부동산 사무실을 차렸습니다

김미경 지음

슬로디미디어

프롤로그

나는 참으로 용감무쌍하게도 폐업한 건강식품 판매점이었던 가게를 비싼 권리금을 주고 인수했다. 아파트 단지도 끼어있지 않은 위치였고, 오래된 주택들이 밀집된 곳이었다. 한참을 운영하지 않던 상가에 간판을 뚝딱거리고 인테리어 업자들이 왔다 갔다 하고 있으니 이번엔 저 자리에 무슨 가게가 들어오나 싶어 동네 주민들이 기웃거렸다. 부동산이 들어온다는 소문이 돌자 사람들은 신기해하는 동시에 매우 안타까운 눈빛으로 나를 쳐다보곤 했다. 그 자리는 전에 있던 건강식품점, 서점 등등 많은 업종의 가게들이 망해서 나간 곳이었다. 간판이 올라가고 난 뒤에는 지나가던 사람들이 사무실에 들어와서는 여기 사장님 어디 가셨냐며 앳된 얼굴의 나를 앞에 두고 사장을 찾아대곤 했고, 그 뒤로는 젊은 여자가 부동산을 한다는 소문이 나면서 신기한 듯 한두 명씩 구경을 오기 시작했다. 지도도 안 걸어놓고 조그만 소파 하나 달랑 놓은 사무실이었다. 제대로 왕초보였던 나는 마음의 준비도 안 된 상태로 어쩌다 손님이 들어오면 깜짝 놀라 소리를 지른 적도 몇 번이나 있었다. 그렇게 하나도 준비되지 않은 상태로 나이 지긋한 어르신에게 도로에 접해있지 않아 팔기 곤란한 땅 매물을 첫 번째로 접수 받았다(그 매물은 아직까지도 거래가 이루어지지 않았다). 매물을 접수하는 양식이나 매물장 같은 게 당연히 있을 리 없었던 나는 사무실 배치를 끄적거리던 노트에 어르신이 불러주는 내용들을 적어 내려갔고 그렇게 그 노트가 내 매물장이 되었다. 대부분 내가 접수하는 매물은 모든 동네 부동산에 내놓았지만 비교적 가격이 높거나 다른 매물에 비해 경쟁력이 없어 몇 년 동안 거래되지 않던 매물이었다. 뭐 어떻게든 되겠지라는 막연한 생각만 가지고 개업했다. 나는 개업을 하고 나서야 중개업소에 회원제와 비회원제가 있다는 것을 알 정도로 무지한 상태였다. 좋은 게 좋은 거라고만 생각했던 해맑고 뇌 맑던(?) 나는 인근 부동산에 "개업 인사드리러 왔어요" 하며 쌩긋 웃으며 인사를 다녔고, 생각보다 미지근한 반응에 심장이 쿵 하고 내려앉도록 놀랐으니 얼마나 철이 없었나 싶다(경쟁업체가 생겼다는데 모두가 반겨주기만 할 거라고 생각했던 나는 너무나 어렸다). 부동산 사무실만 개업해 놓으면 손님들이 간판을 보고 들어올 것이고 그러다 보면 자연스럽게 계약이 이루어지겠지라고 예상했다. 하지만 나의 순수한 생각과 현실은 아주 많이 달랐다. 사람들은 부동산 사무실을 부담스러워하며 쉬이 들어오지 않았으며, 어쩌다 들어와도 부동산 매물을 구하러 온 사람들보다는 지나가는 길에 세금이나 대출, 부동산 정책의 동향 등 궁금한 것을 물어보러 오는 사람이 더 많았다. 걱정이 많은 성격 탓에 꼬박 밤을 새워가며 준비했지만 예상하지 못했던 일들은 수시로 벌어졌다. 내가 뭘 모르는지도 모르는 상태에서 개업했기 때문에 정말 많은 시행착오를 겪어야 했다. 약간의 융통성조차 없던 나는 닥치는 모든 상황 하나하나를 온몸으로 부딪혀가며 익혀나갔다. 일을 따로 배운 적도 없었고, 조언을 구할 수 있는 누군가도 없었기 때문에 이렇게 해보고 안 되면 방법을 바꾸어 저렇게 해보며 이런저런 상황들과 마주할 뿐이었다. 안타깝게도 믿을 사람은 나밖에 없었다. 개업 초반의 나는 내 마음대로 되지 않는 상황들과 가슴에 돌을 얹어놓은 듯한 부담감에 매일 밤 눈물로 베개를 적시며 잠들었다. 과연 이렇게 부동산 사무실을 운영해서 내 한 몸 건사하고 밥은 벌어 먹고살 수 있을까 하는 걱정도 많이 했다. 주변 친구들은 서른을 넘기기 전에 앞다투어 결혼했고, 안정적인 삶에 적응하고 있을 때 나는 내 이름을 딴 부동산 사무실을 덜컥 차려놓고는 오지 않는 손님만 기다리며 보이지 않는 내 미래에 불안해하고 있었다. 이맘때쯤의 나의 일과는 아직은 어수선한 사무실에 앉아서 움직이지 않는 출입문만 바라보며 언제 올지 모르는 손님을 기다리는 것이었다. 아무리 오매불망 기다려도 손님은 오지 않았다. 매일이 불안하고 초조했다. 마냥 손 놓고 있을 수는 없어 내가 할 수 있는 일들을 찾아다녔다. 눈앞의 아주 작은 것부터 하나씩 시도해보았고, 지루하기만 했던 하루하루를 소중하고 값진 경험들로 채워나갔다. 열심히 노력한 만큼 많은 계약을 하고 좋은 일만 있었으면 좋았겠지만 안타깝게도 정말 열심히 준비하고 뛰어다니며 노력했음에도 불구하고 수도 없이 절망했다. 하지만 날이 갈수록 멀뚱멀뚱 책상에 앉아서 뭘 해야 할지 모르는 시간이 줄어들기 시작했다.

그렇게 맨땅에 헤딩하듯 시작한 부동산 일은 여태껏 경험하지 못했던 감각을 일깨워주었다. 무언가에 파묻혀 머리를 싸매고, 새로운 것을 알아가고, 배워가는 과정이 고단하지만 몹시 즐거웠다. 일이 어찌나 재밌는지 눈을 감아도 부동산 생각이 나고 눈을 떠도 부동산만 보였다. 지쳐 잠들어도 꿈에서조차 일을 했다. 남들이 봤을 때는 시골의 조그마한 복덕방일 뿐이지만 내게는 매일이 치열한 전쟁터이자, 아무리 배우고 공부해도 끝이 없는 광활한 우주였다. 몸은 힘들지만 새로운 종류의 성취감과 흥미가 내면을 가득 채웠다. 내가 중개한 상가의 간판이 걸리고, 신혼부부의 새 출발 보금자리를 마련해주는 내 일이 자랑스러웠다. 구박받던 못난이 땅의 주인을 찾아주는 과정이 너무나 보람되었다. 친구들이 결혼과 연애, 그리고 다이어트 이야기를 하고 있을 때 나는 친구들을 붙잡고 아무도 관심 없는 부동산 이야기만 쏟아냈다. 정말 착한 친구들이지만 나에게 그만 좀 이야기하라고 할 만큼 나는 진심이었고 또 진상이었다. 일을 하면 할수록 나는 중개의 재미에 푹 빠져들었다. 진심으로 온 마음을 다해 일했다. 좋아서 하는 일이지만 수도 없이 넘어졌다. 비교적 액수가 큰 중개 대상물은 내가 어려서인지 끔찍하게도 계약이 이루어지지 않았다. 안내하고 또 안내하고 수백 번 안내했다. 수도 없이 많은 손님들을 놓쳐가면서 안내하는 방법을 배웠다. 포기하지 않고 묵묵히 열심히 하니 내게도 기회가 왔고, 그토록 원하던 분야의 중개도 성사시켰다. 한 번 물꼬를 트고 나니 두 번째, 세 번째는 아주 쉬웠다. 지금도 생각한다. 이렇게 내가 좋아하는 일을 만났고, 이렇게 좋아하는 일에 온 열정을 다해 빠져들 수 있으니 나는 얼마나 행복한 사람인가.

사무실 책상에 앉아 출입문만 바라보는 것이 유일하게 할 수 있는 일이었던 초보 시절부터 조금씩 자리를 잡기 시작해 치열한 부동산 중개 시장에서 살아남은 이야기를 해보려고 한다. 많지 않은 나이에 공인중개사라는 직업을 가지고 중개 사무실을 운영하면서 겪었던 소중한 이야기다. 중개 일로 쉽게 많은 돈을 벌었다는 이야기들은 참 많다. 1년에 몇 건만 쉬엄쉬엄 일해도 억대 연봉을 벌 수 있다고 한다. 하지만 내가 실무에 뛰어들어 직접 겪어야했던 현실은 달랐다. 중개 보수가 아주 적은 계약도 쉽사리 성사되지 않아 스스로 수없이 자책했고, 사람들 사이에서 계약을 조율하는 과정이 너무나 힘들어 남몰래 눈물을 흘리는 일도 참 많았다. 이렇게 살아남으려 버티고 버텼더니 돈은 자연히 따라 왔다. 지금의 나는 내 또래와 비교해서 제법 많은 돈을 번다. 경제적인 것뿐만 아니라 내 편이 되어주는 소중하고 든든한 단골도 많이 생겼다. 소중한 우리 단골들은 부동산 거래 절벽이라는 뉴스 기사에 내가 생각났다며 소소한 먹을거리를 바리바리 싸서 들고 오기도 한다. 경기가 아무리 안 좋아 폐업률이 높다 해도 살아남는 사람들은 살아남고, 누군가는 그 상황에서 높은 매출을 올리기도 한다. 나는 갈수록 치열해지는 중개 시장에서 살아남는 방법에 대한 이야기하고 싶다. 누구에게나 공평하게 주어지는 초보 시절에 '내가 하는 게 맞을까?'하는 생각이 들 때 "원래 그래. 그게 맞아. 그리고 아주 잘하고 있어"라고 대답해 주고 싶다. 이것이 바로 내가 이 책을 쓴 이유다. 지금의 내가 초보 시절의 스스로에게 해주고 싶은 이야기를 담았다. 공인중개사를 진로로 잡고 있는 사람들, 예비 창업자들에게 나의 이야기가 위로가 될 것이라고 생각한다. 또 나만 이렇게 힘든 게 아니구나, 하는 안도감 또한 줄 수 있으리라 생각한다. 살아남기 위해 이렇게 열심히 노력하는 우리는 분명히 살아남을 것이다! 꼭 살아남아서 모두 중개 현장에서 만나길 바란다!

목차

PART 1

부동산 중개의 민낯 보기

01

부동산 중개업의 소문과 실상, 참과 거짓

사람들은 말한다. 1년에 두 건만 성사시켜도 억대 연봉은 너끈하다고들 한다. 예전에는 부동산 사무실에 은행에서만 볼 수 있는 현금 세는 기계도 있었다고 한다. 부동산 중개업체에서 정보지에 매물을 내주는데 돈을 받기도 했었다는 말도 있고, 부동산 사무실 앞에서 땅을 사겠다고 사람들이 줄을 서서 기다리던 시절도 있었다고 한다.

이렇게 부동산 중개업의 영광에 찬 과거 이야기를 들으면 나는 눈이 휘둥그래져서 모두 짜고 나를 놀리고 있는 게 아닐까 하는 생각이 든다. 올해 서른다섯 살, 이제는 사회생활에서 절대 적지 않은 나이지만 중개사 일이 9년째인 나는 평생 이 일을 했던 선배들 이야기가 여전히 흥미로운 병아리일 뿐이다.

지금의 나는 이 업종의 생리를 너무나 잘 안다. 하지만 부동산 중개업에 아직 뛰어들지 않는 사람들이 가장 많이 하는 말들은 1년에 쉬엄쉬엄 한두 건만 해도 억대 연봉을 번다는 꿈 같은 달콤한 얘기들이다.

심지어 뒤 집 아버지가 중개사 일을 하는데 이번에 큰 계약을 해서 차를 바꿨다더라 운운하며 증거를 대기도 한다. 나 역시 중개사 일을 한다고 하면 그런 질문을 참 많이도 받는다.

그런 얘기들은 실무자보다는 중개업에 아직 들어오지도 않은 사람들이 하는 얘기다. 1년에 한두 건으로 억대 연봉, 물론 가능하다. 하지만 무조건 가능하지는 않다. 반대로 불가능하지도 않다. 오히려 억대 연봉이 보통 직장인에 비해서는 훨씬 가깝고 빠르다. 억대 연봉의 가능성에 대해서는 나는 이렇게 묻고 싶다. 보통 월급쟁이가 신입사원에서 시작해 차츰차츰 승진해서 임원이 되고 억대 연봉을 받기까지 얼마나 많은 시간이 걸린다고 생각하는가?

부동산 중개업은 그 시간을 엄청나게 단축할 수 있다. 직장인 중에는 평생 경력을 쌓아도 억대 연봉을 받지 못하는 사람도 있다. 하지만 부동산 중개는 지금으로부터 몇 달 지나지 않아 억대 연봉을 만들 수도 있다. 뒤에 자세히 얘기하겠지만 부동산 중개 일을 하면서 좋은 매물을 보는 눈을 기르고, 부동산 시장의 흐름을 읽고, 부동산 정책과 돈의 흐름의 파악하면 그때는 억대 연봉이라는 단어에 일희일비하지 않을 만큼 부를 이룬 자신의 모습을 볼 수 있을 것이다. 하지만 그 단계까지 가려면 숱한 치열한 시간을 겪어내야 한다. 치열하고 고단한 시간들을 감내해야만 그 단계에 도달할 수 있다. 누구도 그러한 과정 없이 억대 연봉을 받기는 불가능하다. 부동산 무용담은 절대 타인의 시각으로만 할 수 있는 얘기다. 나 또한 오랜만에 친구들을 만나 서로의 근황을 얘기하면서 운이 참 좋다는 말을 많이 듣는다. 그럴 때마다 나는 별

다른 대꾸 없이 고개를 끄덕이곤 한다.

그런데 사실 나는 몇 년째 주 7일 출근을 하고 있다. 일 욕심이 많아 주말에도 출근해서 일을 해야만 내게 주어진 모든 일을 해낼 수가 있다. 주 6일 근무로는 아무리 잠을 줄이고 시간 관리를 촘촘하게 한다고 해도 모든 업무를 처리할 시간이 절대적으로 부족하다. 아침에는 보통 새벽에 일어나서 일과를 시작하며, 일에 허덕이느라 개인 시간이 거의 없다. 내 인생은 매일이 고3 수험생인 것처럼 눈떠서 밥 먹고 자는 시간을 제외하고는 모든 것이 오롯이 일이다. 오랜만에 생긴 개인 시간에는 변화하는 부동산 시장을 공부해야 하고, 1년에 한두 번 나가는 모임 자리에서 술을 잔뜩 마시고도 귀가하는 택시 안에서 부동산 정책을 읊조리는 나의 모습은 아무도 모른다. 사람들은 계약 전까지의 어렵고 복잡한 과정은 보지 않고, 차를 바꾸니 집을 바꾸니 하는 결과만 보고 있다. 물 위에 뜨려고 버둥거리는 백조의 발은 아무도 알려고조차 하지 않는다. 억대 연봉에 이르기까지 치열한 발버둥을 생각해야 한다. 당신이 보고 있고 꿈꾸는 것은 잘 포장된 단면일 뿐이다. 주변에서 수없이 많은 실무자를 보았지만 쉽게 일하면서 억대 연봉 받는 사람은 단 한 번도 본 적이 없다. 둘 중 하나를 선택해야 한다. 어느 날은 점심 먹을 시간도, 화장실 갈 시간도 없이 발을 동동 구르며 뛰어다니면서 많이 버는 것과 쉬엄쉬엄 일하면서 여유 있는 삶을 사는 것 중 하나를 선택해야 한다. 열심히 일하기는 싫은데 돈은 많이 벌고 싶은 마음은 꿈이며 환상이다. 많이 버는 사람들의 일상은 정말이지 치열하다. 당신의 생각보다 훨씬 더 전투적으로 하루하루를 살아간다.

02

일하고 싶을 때만 일할 수 있을까?

아이 학교 보내고 짧게 일하고 싶은 주부들에게

내가 일하고 싶을 때만 일할 수 있다는 것은 많은 사람들이 부동산 중개업의 장점으로 뽑는 것이다. 하지만 내가 경험해 본 부동산 중개 일은 내 일정에 맞춰 움직이는 게 절대 불가능한 일이다. 내가 운영하는 부동산 사무실의 경우 주된 고객이 직장인이다 보니 주말이나 퇴근 후의 시간이 더 바쁜 편이고 내 시간보다는 고객들의 시간에 맞추어야 하기 때문에 개인 시간을 갖기가 힘들다. 업무 시간이 끝났다고 해서 걸려오는 전화를 무 자르듯 거절하기가 참 어렵다. 나와 거래했던 고객이나 단골손님은 나와 잠시 연락이 닿지 않아도 기다려 주지만 새 손님은 바로 다른 업체에 전화하기 때문이다. 내 시간의 자유를 포기할 수밖에 없다. 게다가 주말이나 밤늦게까지 일하는 게 대부분이고, 계약 일정 또한 고객의 퇴근 시간과 휴일에 맞추다 보니 휴일의 개념조차 없기 마련이다. 퇴근길에 손님 전화를 받고 차를 돌리는 경우도 숱하다.

나뿐만 아니라 우리나라 자영업자 대부분의 일상이고, 특히 영세한 자영업자들은 인건비 부담에 몇 년 동안 제대로 쉬지 못하며 휴일 없이 일하는 경우가 다반사이다. 몇 대에 걸쳐 운영하고 있는 음식점들만 봐도 그렇다. 몇십 년 동안 똑같은 맛을 내기 위해서 개인의 삶을 얼마나 포기하고 사는가 말이다. 이것이 영세 자영업자들의 현실이다. 나도 설날이나 추석 당일과 여름휴가 며칠을 빼고는 쉼 없이 근무한다. 태풍 같은 천재지변이 일어나지 않는 이상 늘 출근해서 일한다.

물론 적당한 휴식이 필요하고, 스스로를 돌보는 시간을 가지는 편이 많은 사람을 상대하는 스트레스를 관리하는 데 도움이 된다는 것은 분명하다. 잘 쉬는 방법은 이 책의 뒤쪽에서 다시 다루려 한다.

내가 친하게 지내는 중개사가 있는데, 초등학생 아이의 엄마다. 아이는 그에게 "왜 엄마는 나에게 매일같이 '잠깐만'이라고 하느냐"고 따진다고 한다. 그런 이야기를 들을 때마다 그는 마음이 아프다고 한다. 아이와 시간을 보내고 있는 중에도 고객의 전화가 오면 아이와 놀기를 중단하고 전화를 받을 수밖에 없다는 것이다. 특히 늦은 밤이나 이른 아침에 급하게 걸려오는 전화는 반가운 내용보다는 그렇지 않은 내용일 때가 많다. 그럴 때는 아이가 듣는 앞에서 언성이 높아지기도 하고, 당장은 통화가 우선이기 때문에 칭얼대는 아이에게 "잠깐만"이라고 할 수밖에 없다. 잠시 일하고 싶고, 가정에 전혀 영향을 끼치지 않을 만큼만 일하고 싶다는 것은 진행해야 할 계약이 없는 사무실 얘기다. 많은 사람들이 아이를 학교에 보내고 난 다음에 짧게 일하고 싶다고 말한다. 그러나 두 계약 당사자 사이의 분쟁은 아이를 학교에 보내고 난 다음

잠깐 사이에만 일어나지 않는다. 밤이고 새벽이고 간에 많은 일이 벌어진다. 실제로 일요일 아침에 조금이라도 늦잠을 자려 하면 어김없이 고객의 전화를 모닝콜 삼아 눈을 뜨게 된다. 눈을 떠서 전화기를 보면 답변을 기다리는 문자들이 잔뜩 남겨져 있어서 매일 24시간씩 일하고 있다는 느낌을 받을 때도 있다.

그러면 직원을 여럿 두면 되지 않느냐고 한다. 하지만 직원이 몇이든 간에 내가 진행한 계약 내용에 대해 나보다 더 잘 아는 사람은 없다. 내가 맡은 계약을 업무 시간이 아니라고 다른 사람이 대신한다는 것도 말이 되지 않는다. 그러므로 내가 일하고 싶을 때만 일할 수 있는 길은 절대 없다고 충고하고 싶다.

03

부동산 중개업을 하면 돈 보는 눈이 뜨인다

돈과 살림이 보인다

공인중개사는 시장에 나온 매물을 가장 먼저 보는 사람이다. 중개사는 사무실에서는 접수받은 매물을 분석하여 해당 매물이 시장에서 매매 가능성이 있는 매물인지 판단한다. 그리고 매물의 장점을 부각하여 광고를 진행한다. 많은 매물을 보다 보니 자연히 좋은 물건을 보는 눈이 길러진다. 요즘은 부동산 투자에 대한 강의나 책이 정말 많다. 유명한 사람의 강의를 들으려고 지방에서 서울로 장거리를 다니기도 하고 강의 기간 동안 묵을 곳이 없어 찜질방에서 쪽잠을 자면서 공부를 하기도 한다. 공인중개사는 수없이 많은 부동산을 보면서 요즘 몇백만 원부터 몇천만 원의 수강료를 주고서야 배울 수 있는 부동산 공부를 자연히 터득하게 된다. 그저 자료나 책을 통해 얻는 지혜가 아니라 직접 보고, 분석하고, 경험한다. 현장에서 부딪혀가며 오감으로 터득하는 것이니 더 오래 기억되고 더 확실하게 이해할 수 있다. 이야말로 자연스렵게 돈이 되는 공부를 하는 것이다. 뿐만 아니라 현장에서 일하다 보면 자연히 시장의 흐름을 느끼게 된다. 지금이 매도자 우위 시장인지, 매수자 우위 시장인지 그 누구보다 가장 빠르게 알 수 있다. 매도 타이밍과 매수 타이밍을 피부로 느낄 수 있다. 또한 상가를 안내하면서 입지와 상권을 분석하다 보면 어디가 좋은 자리인지 어느 쪽이 흐르는 동선인지 알 수 있다. 일종의 직업병이라고 할 수 있지만 나는 어디를 가도 건물에 붙여놓은 '임대문의', '매매문의' 글자들부터 눈에 들어온다. 부동산 현판이나 현수막은 어찌 그리 눈에 잘 띄는지 모르겠다. 길을 다니다 보면 '이 상가는 분식집 하기 딱 좋은 위치구나', '이 다가구 건물은 위치가 좋아서 공실 걱정은 없겠구나', '이 매물은 나도 탐나는데' 하는 생각을 하게 된다. 실제로 공인중개사 중에는 투자를 병행하여 큰돈을 버는 사람도 많다. 천성이 둔한 나조차도 길을 가면서 돈이 되는 물건이 보일 정도이니 학습효과가 이보다 확실할 수는 없다고 하겠다. 그만큼 돈 보는 눈이 뜨이는 것이다.

성취감과 희열이 있다

어려운 계약을 성사시켰을 때의 느낌을 몇 글자로 어떻게 설명해야 할지 모르겠다. 엉킨 실타래처럼 하나를 해결하면 또 다른 문제가 튀어나오고, 그 문제를 해결하면 또 다른 골치 아픈 일이 생겨 머리를 싸매게 하는 계약이 있다. 보수의 크기와는 상관없이 유난히 어려운 계약이 있는데 어떤 계약은 몇 개월에서 반 년 정도의 시간 동안 매도인과 매수인이 팽팽한 줄다리기를 하는 계약도 있다. 그런 어려운 계약들의 실마리를 하나둘씩 풀어내서 계약서에 도장을 찍을 때 얼마나 큰 희열이 있는지! 그 성취감과 기쁨을 어떻게 설명해야 할까. 적합한 단어를 아직 찾지 못했다.

살면서 부동산 중개만큼 재미있는 일을 본 적이 없다. 상가의 경우에는 내가 중개한 가게 간판을 눈으로 직접 보기 때문에 성취감이 더욱 좋다. 이런 일에 일희일비할 연차가 아닌데도 중개한 가게의 간판은 매일 보고 또 봐도 기분이 좋다. 내가 중개한 가게의 대표가 2호점을 구하러 오거나 돈을 많이 벌어 집을 사러 오면 그렇게 뿌듯할 수가 없다. 상권이란 사람을 이끄는 가게들이 모여서 만들어진다. 흡인력 있는 가게가 하나둘 모여 사람들이 모이고 그 자리에 권리금이 만들어지고 번화가가 이루어진다. 이렇게 상권 형성에 기여한다는 것이 기분이 좋다. 오늘도 나는 내가 중개한 가게 간판들을 지나치며 역시 내 직업이 최고라고 생각한다.

매일 새로운 하루를 보낸다

공인중개사는 하루하루가 새롭다. 매일 같은 시간에 출근하고 같은 시간에 퇴근한다고 해도 하루의 내용이 완전히 다르다. 직장인들처럼 하루가 고정되어 있거나 일정하지 않다. 직장인들은 회사를 다니며 일보다는 마음이 맞지 않는 상사나 동료 때문에 힘들어하는 경우가 많다. 같은 부서 같은 팀 안에서 매일 얼굴을 마주하고 수시로 부딪혀야 하기 때문이다. 하지만 공인중개사는 날마다 다른 사람들을 만나고, 다른 분야의 중개를 한다. 정말 힘든 손님과 계약이 있더라도 잔금일까지만 버티면 다시는 마주치지 않을 수 있다. 퇴사를 하기 전까지는 어쩔 수 없이 계속 만나야 하는 직장인과는 달리 너무 힘든 손님과는 계약을 진행하지 않으면 된다. 그것을 본인이 선택할 수 있다. 오늘은 어떤 일이 일어날지, 또 어떤 계약을 하게 될지 흥미진진하다. 어제는 계약서 진행 때문에 종일 사무실에서 계약서 브리핑만 하다가 내일은 멀리 절터를 보러 고객과 산을 오를 수도 있으며, 또 다음 날은 번화가에서 상가 안내를 할 수도 있다. 물론 비바람을 맞으며 길거리에 서서 비를 쫄딱 맞으며 안내를 하고 있을 수도 있다. 지루함을 싫어하는 나는 이 또한 이 직종의 큰 매력이라고 생각한다. 같은 아파트 단지, 같은 면적의 매물을 중개한다고 해도, 거래의 과정과 내용은 모두 다르기 때문에 긴장의 끈을 놓을 수 없다. 그 과정 또한 매우 흥미진진하다. 오늘은 또 어떤 흥미로운 일들이 벌어질지 두근거리고 설레는 마음으로 출근길을 나설 수 있다.

04

세상의 눈은 뜻밖에도 싸늘하다

안타깝기도 하고 때로는 수긍도 하지만 보통 사람들은 공인중개사를 이렇게 본다. 공인중개사, 부동산 중개업소라는 키워드가 뉴스에 뜨면 수많은 댓글이 달린다. 공인중개사는 다 사기꾼이라거나 중개업소는 전부 망해야 한다는 말도 서슴지 않는다.

집값을 마음대로 움직인다

하루가 다르게 집값이 왔다 갔다 요동치는 것을 공인중개사의 책임이라고 한다. 공인중개사가 집값을 조절한다는 의견이 많지만 사실 집값의 형성은 수요와 공급의 문제로 공인중개사에게 그럴 만한 능력은 없다. 사람들이 말하는 가정이 현실이 되려면 한 아파트 단지를 독점하는 부동산이 악의적으로 단지 안 매물 가격을 마음대로 조절해야 하는데, 요즘은 한 아파트 단지를 독점하는 부동산은 없다. 신축 아파트 단지를 보면 아파트 상가 중 그 어떤 업종이 들어오기 전에 부동산부터 바글바글하게 들어오는 경우가 많다. 예외적으로 독점하는 업체가 있다고 해도 공인중개사가 그 단지의 가격을 마음대로 정할 이유 또한 없다. 공인중개사는 거래가 성사되어야 중개 보수를 받는 직업이므로, 매도자와 매수자의 의견을 합치시켜 거래를 성사시키는 것이 중요하다. 해당 단지의 가격을 마음대로 올려서 거래 가능성을 더욱 적게 만들 필요가 없는 것이다. 댓글들과 인터넷에서 올라오는 공인중개사의 평판에 대해서 보고 있자면 집값이 요동치는 상황에 대한 화풀이가 필요한 것 같다는 생각도 든다. 최근 물가 상승률과 임금 상승률과 비교해 보았을 때 집값은 너무나 많이, 그리고 빠르게 오른 것이 사실이다. 전세를 살면서 열심히 돈을 모아서 조금이라도 대출을 줄여 내 집을 마련하려고 했는데 계약기간이 끝나가자 집값은 더 이상 엄두가 나지 않을 만큼 올라버린 경우를 주변에서도 참 많이 보았다. 인터넷에서의 공인중개사에 대한 엄청난 분노는 그런 류의 분풀이로 보인다. 요즘은 인터넷으로 아파트 단지 이름만 검색해 봐도 최근에 거래된 실거래가와 지금 나와있는 매물들의 정보들이 줄줄이 나온다. 검색하는 데 단 5분도 걸리지 않는다. 거래되었던 동과 층의 정보도 실거래가와 함께 고스란히 오픈된다. 요즘에는 커뮤니티의 발달로 매도인의 급한 사정으로 시세보다 저렴한 매물의 광고를 올릴 때면 부동산에서 집값을 망친다는 원성을 들을까 무서워 주민들의 눈치를 보게 되는 경우도 있다.

집 몇 번 보여주고 큰돈을 가져간다

일 년에 한 건만 해도 큰돈을 번다고 한다. 모 학원 광고로도 자주 쓰이던 문구이기도 하다. 일 년에 쉬엄쉬엄 한 건만 해도 회사원 1년치 연봉을 한꺼번에 번다고들 한다. 요즘 강남 아파트가 얼마인데 이리저리 집 몇 번 보여주고 말도 안 되는 금액을 가져간다고들 한다. 꿈같이 달콤한 이야기이다. 이런 이야기를 들을수록 로또 당첨에 대한 이야기 같다는 생각을 한다. 그렇다면 적당히 일해서 1년치 연봉을 벌 수 있는데 왜 폐업률은 갈수록 늘어나는 것일까? 공인중개사 자격증은 성인의 수능이라는 말이 있을 정도로 매년 많은 사람들이 자격증을 취득하기 위해 도전한다. 또 매년 배출되는 자격증만큼이나 많은 사람들이 쉽게 큰돈을 벌 수 있다는 달콤한 꿈을 안고 실무로 뛰어든다. 하지만 주변을 둘러보면 우리 주변에는 강남의 비싼 아파트만 있는 것이 아니다. 그리고 어느 곳에 가도 수많은 중개업소가 있다. 몇 달째 계약을 못해 비싼 권리금을 주고 들어와서는 생활고를 견디지 못해 눈물을 머금고 폐업하는 경우도 수없이 많다. 손님을 개인 차량으로 모시고 몇 날 며칠을 따라다니고서야 단돈 10만 원 미만의 중개 보수를 받는 경우도 있다. 최저시급도 되지 않는 금액이다. 그 최저시급도 되지 않는 금액에서 사무실 월세와 차량 유지비 광고비를 생각하면 차라리 편의점 알바가 더 많이 번다고 말하는 실무자도 있다. 그 몇 만 원의 중개 보수조차 계약이 성사되어야만 손에 쥘 수 있다. 최근에는 재테크 열풍으로 부동산 사무실에 아이 쇼핑을 다니며 집을 보러 다니는 게 새로운 취미라고 말하는 사람들도 많다. 태풍이 오는 날이나 매서운 칼바람이 부는 한겨울에도 혹시나 계약이 성사될지도 모른다는 간절한 생각을 가지고는 구매 의향 없이 구경하러 오는 사람한테 한없이 끌려다니기도 한다. 나도 그런 적이 수도 없이 많았다. 한겨울에 발목 동상이 걸려 시큰거리는 발목으로 자신의 견문을 넓히기 위해 부동산 사무실을 견학 다닌다는 사람들에게 수많은 집을 보여준 적도 있다. 꼭 지금 집을 봐야 한다고 해서 집에서 누워 있다가 달려 나갔더니 연휴 때 이 동네에 오게 되었는데 이 아파트 구조를 구경해 보고 싶어서 불러냈다는 이야기를 아무렇지도 않게 하는 사람들도 많다. 아무리 비싼 단지 앞에서 집을 수십 번 수백 번 보여줘도 계약이 성사되지 않으면 공인중개사는 단 1원도 받지 못한다.

계약을 하고 책임을 지지 않는다

공인중개사는 법적으로 무조건 공제에 가입해야만 개업을 할 수 있다. 또한 고객에게 계약 후에 공제에 가입되어 있다는 내용의 공제증서를 교부해야 한다. 공제증서의 교부는 의무 사항으로 개인은 1억 원 이상, 법인은 2억 원 이상으로 금액이 지정되어 있다. 이 공제는 일종의 보험이라고 생각하면 이해하기 쉬운데 만약 공인중개사가 중개 행위를 하면서 고의와 과실로 고객에게 피해를 입혔을 경우 공제에서 손님에게 일정 금액을 지급하고 공인중개사에게 구상권을 청구한다. 그래서 선순위 담보물건이 있는 위험한 전세 계약 같은 경우 정말 신중하게 권리 분석을 해야 한다. 사람들은 "비싼 중개료 내봤자 책임도 안 지던데요?"라고 쉽게 말한다. 내용을 물어보면 그렇다. 구매한 집에 문제가 있었다고 한다. 보일러가 노후화되어 작동이 되지 않았다던가 벽에 미세한 실금이 있었거나 도배지가 손상되어 있었다고 한다. 계약서를 작성할 때 노후화된 아파트의 현 시설상의 매매에 대해서 아무리 설명을 해도 막상 시설물의 문제가 닥치면 공인중개사에게 화살이 돌아온다. 공인중개사가 계약 전반에서 일어나는 모든 하자에 대해서 일일이 책임져주지는 못한다. 얼마 전에 17년이 지난 아파트를 매매했다. 연식이 있는 아파트의 특성을 세세하게 설명했지만 한밤중에 짐을 다 들어내니 도배지가 많이 손상되어 있다며 이 상황을 어떻게 책임질 거냐며 지금 당장 현장으로 오라는 연락을 받았다. 대부분의 사람들은 집 거래가 익숙하지 않다. 평생 동안 여러 번의 매매계약을 해본 사람이라도 새로운 매매계약을 할 때쯤은 전에 일어났었던 계약을 까맣게 잊어버리는 경우가 더 많다. 그리고 인생에서 워낙 큰 금액이 왔다 갔다 하는 상황이기 때문에 잔뜩 예민해져 있다. 장롱을 치운 자리에 피어있는 곰팡이만 봐도 가슴이 덜컹하면서 내가 문제 있는 집을 잘못 산 거 아닐까부터 별의별 생각이 들기도 한다. 부동산의 가격에는 해당 매물의 연식과 상태가 반영되어 있다. 17년의 연식이 있는 아파트가 입주 초기처럼 단 하나의 하자가 없는 상황인 것도 현실적으로 불가능한 일인 걸 알면서도 막상 나의 일이 되면 생각이 또 달라진다. 매수자가 손님인 만큼 매도자 또한 우리의 손님이다. 한쪽 편만 들어 신축 아파트처럼 보일려도 고쳐놓고 도배도 해놓고 모든 것을 완벽하게 수리해 놓고 가라는 것도 말도 안 되는 일이다(사실 갓 지은 아파트들도 하자가 있어서 아파트마다 하자 보수 기간이 지정되어 있다). 가능한 것은 가능하다고 불가능한 것은 불가능하다고 확실하게 말해주는 것도 우리가 해야 할 일이다. 중대한 하자에 대해서는 매도자 하자 담보 책임을 적용할 수 있지만 미세한 실금이라던가 짐을 다 들어냈을 때 도배의 손상 등 이런 세밀한 하자까지 공인중개사가 챙기는 것은 사실상 힘들다. 현실적으로 집을 매매하면서 장롱 뒤의 곰팡이를 알아볼 수 있는 방법은 없다. 아파트 내부 안내를 하면서 잠시만요, 하고 장롱을 들어내서 뒷면의 공간까지 확인하기는 어렵지 않은가. 공인중개사는 인장(도장)이 들어간 계약에 분명히 책임을 진다. 이것은 도의적으로 좋은 게 좋은 것의 문제가 아니라 법적으로 정해져 있는 상황이다. 간혹 계약서 대필로 적은 금액의 실비만 받고 계약서를 써주는 계약에서도 중개사무소에 등록되어 있는 인장이 들어간다면 계약서를 적을 당시 받은 금액이 적고 많고를 떠나서 부동산에서 전적으로 책임을 져야 한다. 우리는 우리가 찍는 도장에 책임을 다한다. 다만 그 범위가 모든 사람의 모든 입맛을 만족시킬 수는 없다. 모든 사람을 만족시킬 수 없다는 점은 안타깝게 생각한다.

지금의 중개사에 대한 인식은 예전 주먹구구식으로 일하던 사람들의 결과물이기도 하다. 그때는 무등록업자들도 많았고 중개에 대한 가이드라인이 없었으며 인정 작업(매수자가 내놓은 가격보다 높은 가격에 부동산을 팔고 그 차액을 중개인이 챙기는 것) 또한 당연할 때였다. 한평생 중개일을 하셨던 분들의 이야기를 들어보면 이게 현실에서 일어날 수 있는가, 하는 다양한 에피소드를 들을 수 있었다. 요즘은 자신의 위치에서 공정하고 성실하게 일을 하시는 분들이 많다. 예전에는 흔했던 '업' 계약서나 '다운' 계약서도 거의 볼 수 없다. 일부 손님들이 그와 같은 계약서를 요구하기도 하지만 중개사들의 인식 변화로 매도인, 매수인을 잘 설득하여 사실에 근거한 계약서를 작성하고 실거래 신고를 하는 경우가 더 많다. 요즘은 많은 공인중개사들이 전문적인 지식을 가지고 중개사의 인식 개선을 위해서 노력하며, 소신을 가지고 정직하게 일하고 있건만 인터넷 댓글에서는 사기꾼, 한 것도 없이 많은 돈 가져가는 사람들, 가격 갖고 장난을 치는 사람들 식으로 평가받는 점에 대해서 항상 안타깝게 생각한다. 공인중개사는 부동산 분야의 전문 직업인이지만 그만한 대우는 받지 못하고 있음이 슬프다. 나는 우리 현직에 있는 사람들이 공인중개사의 인식 개선에 앞장서야 한다고 생각한다. 거창하지 않아도 오늘 부딪히는 손님 한 명에게라도 이렇게 신의 성실하게 일을 하는 사람이 있구나 하는 생각이 들 수 있도록 노력하자. 부동산 중개인들에 대한 인식 역시 우리가 가지고 갈 숙제이며, 수십 년 후 중개시장에서 공인중개사의 달라진 평판의 몫도 지금 현장에서 일하고 있는 우리의 몫이다.

05

자격증 공부와 실무는 땅과 하늘 차이다

기껏 자격증을 땄더니 실무는 또 다르다고 한다. 그 오랜 시간 강의 들으면서 엉덩이 아프게 의자에 앉아있었는데 그간의 노력이 물거품이 되는 것 같다. 이렇게 말하는 게 정말 미안하지만, 안타깝게도 자격증 공부와 실무는 완전히 다르다.

공부를 소홀히 해서는 안 된다

그렇다고 자격증 공부를 소홀히 한다면 나중에 실무에 와서 한 번 더 고생을 해야 한다. 아니 사실 자격증 공부를 소홀히 한다면 공인중개사 시험 자체에 합격할 수 없다. 누가 얼마 만에 합격했느니, 며칠 만에 쉽게 자격증을 땄느니 하는 소리들이 인터넷에 넘쳐나지만 공인중개사 책을 펴서 한 번이라도 제대로 본 사람이라면 이 시험이 절대 호락호락하지 않다는 사실은 금방 알 것이다. 공부해야 하는 범위만 해도 하나 가득이다. 나는 시험을 비교적 짧게 준비했지만 정말로 운이 좋아 합격했다. 물론 공인중개사 자격증 시험은 공부 없이 운만으로 합격할 수 있는 시험은 절대 아니다. 무언가에 빠지면 흠뻑 집중하는 나의 성격이 합격에 큰 도움이 되었다. 하루에 열네 시간씩 앉아있었지만 돌이켜 생각해 봐도 나는 참 운이 좋은 사람이다. 운이 좋게 합격은 했지만 막상 실무에 들어와서는 한동안 머리를 싸매야 했다. 시험에 합격하기 위한 공부를 했던 탓이다. 오지선다형의 문제만 풀 수 있게 나만의 공식을 만들거나 앞자리를 따서 달달 암기해 놓은 것들을 실무에 적용하기 위해서는 다시 한번 책을 잡아야 했다. 분명 들어본 단어이긴 한데 대체 이게 어느 부분에서 어떻게 쓰는 것인지 전혀 알 수 없었다. 자격증 공부가 암기의 과정이라면 실무는 일에 대한 이해의 과정이라고 할 수 있다. 자격증 공부로 일에 대한 전반적인 지식을 차곡차곡 잘 쌓아놓아야 실무에 들어왔을 때 이를 잘 활용할 수 있다. 쉽지 않은 자격증 공부지만, 분명하게도 자격증은 중개 일을 할 수 있는 자격을 주는 종이에 불과하다. 실무는 또 다른 이야기라는 말이다. 여태까지 시험 합격을 위한 공부를 했었다면 실무에 들어와서는 또 다른 방향으로 공부를 해야 한다. 초보자가 생각해야 하는 중개 실무의 과정은 네 가지 단계로 설명할 수 있는데 첫째, 자격시험에 합격한 단계, 둘째, 실무의 이론을 공부하는 단계, 셋째, 공부한 이론을 일에서 접해보는 단계, 넷째, 다양한 사례로 변형 문제를 익히는 단계로 나뉠 수 있다.

우리가 학교 공부를 할 때면 교과서 위주로 공부를 해나간다. 이론을 공부하고 예시 문제를 풀어본다. 그렇게 문제 풀이를 통해 이론을 확실히 익히면 응용문제를 풀어보고 또 상위권의 학생들은 시험에서

난이도 조절을 위한, 변별력 있는 문제들까지 잡아야 한다.

중개 실무도 똑같다. 다만 변별력을 주기 위한 문제가 시험지 위에서는 한두 문제라면 실무에서는 정말 다양한 문제들이 다양한 사례로 튀어나온다는 것이다. 안타깝게도 실무에서 똑같은 계약은 단 하나도 없다. 모든 계약이 모두 별개의 계약이며 전례가 없는 다른 계약이다. 제대로 자격증 공부를 했다면 실무에서 중개를 할 때 머릿속 지식이 한데 어우러져 퍼즐로 맞춰지는 신기한 경험을 하게 될 것이다. 이렇게 말한다고 해서 공부 머리가 없어 자격증 시험에 힘들게 합격한 사람도 의기소침할 필요는 없다. 자격증 시험에 합격하기 위한 공부머리와 실무에서 사용하는 일머리는 너무나 다르다. 예전에는 자격증을 취득한 사람은 일을 못 하고 일을 잘 하는 사람은 자격증을 못 딴다는 우스갯소리도 있었다고 할 만큼 공부 머리와 실무의 일 머리는 다르다. 하지만 이 말 또한 옛말이다. 요즘은 일을 잘하는 공인중개사들이 너무나 많다. 혹여나 자격증 시험을 준비하면서 이 책을 보고 있는 사람들이 있다면 "두 번 공부하기 싫으면 기초부터 열심히 해놓으세요", "지금 농땡이 부리면 나중에 후회합니다"라고 꼭 말해주고 싶다. 경험에서 우러나온 말이다.

06

공인중개사는 외향적인 사람만 할 수 있을까

나는 외향적인 사람은 아니다. 굳이 한쪽을 선택해야 한다면 내향적인 사람이다. 나는 어렸을 때부터 친구 사귀는 것을 어려워했고, 지금도 누군가와 마음속 깊은 이야기를 나누는 것이 어렵다. 흔히 중개업은 영업직이라고 한다. 공인중개사는 과연 외향적인 사람만 할 수 있을까? 나는 아니라고 답하고 싶다. 물론 사람들과 이야기를 나누는 데 거부감이 있거나 기본적인 대화조차 나누기가 힘들다면 다시 생각해 봐야 한다. 하지만 이것은 공인중개사라는 직업에 국한되는 것이 아니라 다른 직업도 마찬가지이다. 부동산이라고 하면 외향적이고 손님들이랑 격의 없이 지내고 대화로 사람의 정신을 쏙 빼놓을 수 있는 사람만 할 수 있다고 생각하는 경우가 특히 많은 것 같다.

물론 외향적이며 말을 잘하는 것이 부동산 중개 일을 하는데 유리한 게 사실이다. 일을 하다 보면 서로 얼굴을 붉힐 수 있는 상황에서 분위기 전환을 참 잘하는 사람도 분명 있다. 분명 좀 전까지 분위기가 좋지 않았는데 특유의 언변으로 다들 웃음이 터지며 분위기가 훨씬 부드러워지기도 한다. 말을 잘하면 중개업을 운영하는 데 플러스 요인이 되지만 말을 술술 잘하지 않는다고 중개업이 어려운 것은 아니다. 화려한 언변으로 사람의 정신을 쏙 빼놓는 것은 마술이지 중개가 아니다. 그런 식으로 사람을 혹하게 하여 계약을 진행한다면 나중에 계약 진행에 문제가 생길 가능성이 높다.

많은 사람들이 중개사무소의 개업을 생각하면서 자신의 말주변과 숫기 없음을 걱정하곤 한다. 나 또한 사람들과 쉬이 섞이지 못하는 성격을 무척 걱정했다. 부동산을 처음 시작하면서 사모님 사장님 소리가 입에서 나오지 않아 호칭을 생략하며 기어드는 목소리로 전화 통화를 하기도 했다. 한 임대인은 우물쭈물하는 내 목소리가 답답하다며 크게 좀 말하라며 호통을 치기도 했었다. 그저 사모님, 사장님이라는 단어를 입 밖으로 자연스럽게 말하게 되는 데도 꽤 많은 시간이 걸렸다. 애초에 전화 통화 자체를 좋아하지 않던 내가 지금은 하루에 평균 1, 2백 통 이상의 통화를 하며 살지만 지금도 사적인 전화 통화는 좋아하지 않는다. 오히려 부동산을 운영하기 전보다 더 개인적인 통화는 줄어들었다. 전화기를 붙들고 있으면 다른 손님에게 연락이 올까 봐 조마조마하기 때문이다. 하루 종일 붙들고 있는 손님들과의 전화는 그저 일이기 때문에 하는 것이다. 내가 말을 현란하게 하지 못한다면 신중하고 진중한 모습을 장점으로 부각시키면 된다. 금액이 큰 부동산 거래에서는 신중함과 진중함이 큰 무기가 될 수 있다. 말이 많지 않은 것을 틀린 말을 하지 않는 우직함으로 잘 포장할 수 있다. 실제로 부동산을 구매하는 사람들은 공인중개사의 신뢰성 있는 모습을 큰 장점으로 손꼽는다. 전에 우리 사무실에 상담을 온 공인중개사가 있었다. 여러 번 메일로 잠깐만 시간을 내주시면 감사하겠다길래 업무 전 아침에 잠깐 상담을 하기로 했다. 무조건 내 시간에 맞추겠다길래 인근에 사시는 분인가 했지만 인천에서 새벽에 출발했다고 했다. 눈에는 초조함과 절박함이 가득했다. 힘들게 공인중개사 자격증에 합격했지만 숫기가 너무도 없어 막상 부동산 일을 시작하기가 두렵다고 했다. 자격증만 취득하면 다 잘할 수 있을 것 같았는데 이제 와서 보니 영업직과 거리가 먼 본인의 모습이 걱정이라고 했다. 초조한 눈빛으로 제가 일을 잘 할 수 있을까요, 하는 질문만 거듭했다. 자신감 없는 시선 처리와 말끝을 흐리는 말투가 눈에 띄었다. 상담을 받기 위해 인천에서 울산까지 온 열의와 의지만 보아도 잘 해내실 분이었다. 간단한 검색만으로도 정보가 줄줄이 나오는 시대이다. 질문을 하는 사람들은 많지만 감나무에서 감을 직접 따기보다는 입에 떠먹여 주는 대답을 원하는 사람들이 대부분이다. 시선과 말끝을 흐리는 부분이 상대방의 입장에서는 불안감을 느낄 수도 있으니 말끝에 힘을 줘서 말하라고 간단한 팁을 드렸다. 무리해서 다른 사람을 따라 하지 말라는 말도 덧붙였다. 정말 짧은 시간의 상담뿐이었는데 많은 도움이 되었다며 연거푸 고맙다고 해서 오히려 내가 민망할 따름이었다. 그 뒤로도 몇 번의 연락을 주고받았고 그분은 현재 좋은 기회를 잡아 개인 사업을 하고 있다. 간단한 전화 통화 몇 번이지만 예전보다 훨씬 자신감 있어 보이는 모습이 참 보기 좋았다. 실무에서 일하고 있는 대표들을 보면 정말 각기 다양한 스타일로 일한다. 사람들이 생각하는 밝고 싹싹하며 사람들과 허물없이 지내는 모습이 아닌 조용조용하고 꼼꼼하게 신뢰성 있는 모습으로 계약을 이끌어내는 분도 참 많다. 말을 잘하는 것은 중개의 방법 중 하나지 절대적인 것은 아니다. 나의 방식 중 좋은 점을 부각하고 연습해서 나의 무기로 삼으면 된다. 잘 어울리지도 않는 화려하고 현란한 언변을 따라 하는 것은 말 한마디 한마디 내뱉는 데 스트레스만 받을 뿐이며 억지로 만들어진 말투는 어색할 뿐이다. 굳이 맞지도 않는 옷에 꾸역꾸역 내 몸을 맞출 필요는 없다. 조용하고 신뢰성 있고 거짓말을 할 거 같지 않는 묵묵한 그런 나의 모습을 좋아해 주는 고객들이 분명히 있다. 우리가 생각하는 부동산을 하는 사람이라는 만들어진 이미지에 혹해서 몸에도 맞지 않는 모습으로 억지로 일하지 않았으면 한다.

07

공인중개사는 곧 없어질까

기계로 대체되어 사라질 직업 리스트에는 꾸준히 공인중개사가 들어있다. 이렇게 기계로 대체할 수 있는 직업 리스트에 '공인중개사'가 올라가 있는 걸 볼 때마다 나는 대체 이 일을 어떻게 기계로 대체할 것인가 하고 의문이 생긴다. 의식주에서 가장 큰 부분을 차지하는 집이야말로, 또 평생의 일터가 되기도 하는 가게를 알아보는 것은 절대 간단하게 생각할 일이 아니다. 자유 시장에서 매매계약이란 매도 의사와 매수 의사의 합치다. 매도인과 매수인의 감정선 하나에 작게는 몇 백에서 몇 천이 왔다 갔다 하는 것이 부동산 중개 일이다. 서로의 의사를 조율하며 밀고 당기는 과정이 얼마나 숨 막히는지 아는 사람들은 이런 말을 하지 못할 것이다. 혹시라도 부동산 가격이 정찰제라면 기계로 대체되는 것이 가능할지도 모르겠다. '집을 사고 판다'라는 각 계약의 이면에는 무수히 다양한 일들이 벌어진다. 부동산 사무실에 앉아있으면 공인중개사를 거치지 않고 권리 관계를 제대로 분석하지 않은 개인과 개인 간의 전세 거래를 했다가 전 재산에 해당하는 전세보증금을 돌려받지 못해 울부짖는 사람들을 무수히 많이 본다. 잘 몰라서, 중개 보수를 아끼고 싶어서, 집주인 재산이 많다고 들어서 안전하다고 생각했는데, 인상이 좋아서 그럴 사람은 아니라고 생각했는데 등등 이유야 엄청나게 많다. 정말 한 푼도 돌려받지 못하느냐며 울분을 터트리고 혹시 다른 방법이 없느냐며 그제야 부동산 사무실에 찾아와 방법을 묻는다. 이런 무서운 이야기가 아니더라도 매매 거래에서 흔히 화두가 되는 새시의 실리콘 때문에도 사람들은 종일 싸우기도 한다. 아파트의 새시 실리콘은 주기적으로 보수해 주어야 하는 소모품 중의 하나인데, 햇빛에 오랫동안 노출된 실리콘이 노후하면 비바람이 많이 치는 날이면 작은 틈을 통해서 물이 들어오기도 한다. 잘 모르는 손님들은 누수가 아닌지, 벽면에서 물이 새는 건 아닌지 심각한 걱정을 하는 경우가 많다. 하다 못해 새시에 붙어있는 실리콘으로도 종일 싸울 수 있는 게 부동산 거래인데, 부동산 중개 일을 기계로 하겠다고? 부동산 중개 일은 마트 무인 계산기처럼 바코드를 찍어 계산하듯이 간단하게 기계로 대체할 수 있는 것이 아니다. 일부 사람들은 부동산 중개를 음료수 자판기처럼 돈을 넣고 단추 하나 누르면 음료수가 나오는 것 같은 간단한 일로 생각한다. 현업에서 공인중개사로 일하면 할수록 느끼는 것은 우리 인생에서 집이라는 것은 인생 전반의 자금 계획에서 너무나 큰 비중을 차지한다는 사실과 대부분의 사람들은 계약의 위험성에 대해서 너무나 잘 모른다는 것이며, 내 경우는 아니겠지 하고 안일하게 생각한다는 것이다. 부동산 거래에서는 사안에 따라 너무나 다양한 일이 벌어진다.

기계로 대체할 수 있을 만한 간단한 직업이라는 이야기는 실무자보다는 부동산 중개에 대해서 잘 모르는 사람이나 할 수 있는 이야기다.

게다가 가격 조절은 어떤가. 어떤 사람들은 공인중개사가 왜 본인이 원하는 만큼의 가격 조절을 못하냐며, 자기가 깎으면 이것보다 훨씬 더 깎을 수 있을 거 같으니 내가 직접 가격을 조율해 보겠다는 이야기를 한다. 가격을 조절하고 싶은 마음이 굴뚝같은 것은 충분히 이해하나, 결론적으로 손님이 직접 이야기해서 가격 조율이 원활했던 경우를 본 적이 없다. 오히려 매도인이 소중하게 생각했던 집을 깎아내려서 서로 얼굴을 붉히고는 당신한테는 안 팔고 만다는 소리가 나오지 않으면 다행이다. 매수인이 직접 전화를 한다는 것은 해당 매물이 굉장히 마음에 들었다는 이야기다. 그렇게 전화를 거는 것부터가 가격 조절에 불리하다는 것을 사람들은 잘 모른다. 우리 공인중개사는 매일 하는 일 중 하나가 가격 조율이다. 절대 전문가보다 더 효율적으로 가격 조율을 할 수는 없다.

대기업이 진출할까

대기업의 진출로 중개 서비스가 획일화되고 중개 보수가 내려갈 것이라는 이야기 역시 꾸준히 화젯거리가 되는 이야기다. 이미 많은 기업들이 중개업에 진출하고 있으며, 어떤 기업들은 매도인의 수수료를 깎아주거나 받지 않는 방법으로 매물 확보를 하고 있다. 최근에는 중개업소로부터 광고비를 받아 매물을 홍보해 주던 모 업체가 직접 중개업에 진입한다는 소식에 중개 시장이 어수선해지기도 했다. 당사 업체로 들어가는 경우 연간 5천만 원의 수익보장을 해준다는 말에 혹하는 사람들도 많은 듯하다. 대형 업체가 자금력과 기존 데이터베이스를 밀고 나간다면 어쩔 수 없이 소규모 자영업자들은 크게 휘청거릴 것이 뻔하다. 공인중개사의 광고료로 회사를 키워 나가던 업체가 이렇게 중개사 등에 칼을 꽂는다는 상도덕을 이야기하고 싶지는 않다. 하지만 알아야 할 것은 세상은 변하고 있다는 것이다. 이번 위기를 잘 이겨낸다 해도 이 업체뿐 아니라 언젠가 다른 업체가 중개 시장에 진입할 수 있다. 이런 현상은 우리 중개업뿐만이 아니다. 예전에는 생각도 하지 못했던 택시 앱이나 배달 앱을 보면 알 수 있다. 세상은 너무나 빨리 변화하고 있다. 보통 한 업계를 독점하는 업체들은 처음에는 사람들에게 혹하는 혜택을 주며 이용자를 모으며 몸집을 키워나간다. 업계에서 어느 정도 자리 잡고 난 뒤에는 차근차근 수수료를 받아 가기 시작한다. 독과점이 된 뒤에는 수수료의 부담이 커지기 시작한다. 하지만 이미 독과점이 되어버렸기 때문에 어쩔 수 없이 울며 겨자 먹기로 고액의 수수료를 내고 업체를 이용한다. 이게 요즘 사회에서 벌어지고 있는 독과점 과정이다. 이런 어수선한 상황에서 생존권을 위해 해당 회사의 광고를 모두 셧다운 하자는 말들을 하고, 시장 진입을 결단코 반대하자는 말도 있다. 의도는 너무나 좋다. 하지만 과연 이게 언제까지 가능할 것인가? 이상적으로는 모두 다 같이 동시에 셧다운을 하면 좋겠지만 당장 생계를 걱정해야 하는 자영업자 입장에서는 분명 쉬운 일은 아닐 것이다. 꼭 그중의 몇 업체는 광고를 유지하고 있을 게 분명하다. 아무리 목소리를 높여 반대하고 뜻을 하나로 모아도 중개업은 이미 조금씩 변해왔다. 빠르고 느리고의 속도 차이다. 애석하게도 우리는 세상이 변화하고 있다는 것을 받아들여야 한다. 그리고 지금 가장 중요한 것은 앞으로 일어날 수 있는 상황에 대한 대책을 세우는 일이다. 앞으로의 중개 시장이 저가 수수료 경쟁 시장이 된다면 비슷한 수준의 중개로는 다 같이 휘청할 것이다. 일의 완성도와 업무의 질보다는 손님 앞에서 경쟁하듯이 더 저렴한 단가를 앞세우는 방법밖에는 없을 것이다. 이런 시장에서 살아남으려면 비슷한 수준의 중개를 뛰어넘는 나만의 무엇이 반드시 있어야 한다. 꼭 거창한 것이 아니어도 좋다. 내가 어떤 것을 잘하는지, 내가 다른 공인중개사에 비해 어떤 부분을 강점으로 내세울 수 있는지 찾아보자. 찾아낸 나의 강점을 더 갈고닦아 사람들이 나를 먼저 찾을 수 있도록 해야 한다. 아직은 스스로의 강점을 잘 모르겠는 사람들도 괜찮다. 일을 하다 보면 자연히 깨닫게 된다. 이 책을 읽는 사람들은 조금 더 나은 자신을 위해 노력하는 사람들이다. 분명 내가 잘할 수 있는 강점을 찾을 수 있을 것이다.

08

책임감이 가장 중요하다

부동산 중개를 하는 데 가장 중요한 자질은 무엇일까? 나는 중개 일에서 가장 중요한 자질은 바로 책임감이라고 말하고 싶다. 아무리 계약서 특약사항을 꼼꼼하게 쓰고 미리 발생할 수 있는 문제들을 확실하게 짚고 넘어간다고 해도, 우리 일의 특성상 언제 어디서든 예상치 못한 일들이 수시로 튀어나온다. 멀쩡했던 배관이 갑자기 터져서 누수가 발생할 수 있으며, 잔금일이 오기 전에 집값이 요동을 칠 수도 있다. 매도자와 매수자 양쪽과 마주치는 부동산의 입장에서는 가격이 올라도, 가격이 내려가도 어느 한쪽에게는 입장이 난처해진다. 뿐만 아니라 순간순간 말을 손바닥 뒤집듯이 바꾸는 사람들도 흔히 볼 수 있다. 중개사는 이러한 난처한 상황들을 잘 조율해야 하는데 분쟁을 해결하는 것은 가장 어려운 부분이기도 하다. 부동산에서 일어나는 분쟁은 각자의 이해관계 속에서 큰돈까지 걸려있는 경우가 대부분이기 때문이다. 예를 들어 집을 매매했는데 집값이 올랐다면 매도인은 화가 난다. 수도 없이 많은 거래를 해보았지만 그런 상황에서 그 돈은 원래 내 돈이 아니었거니 하고 생각하는 사람은 그 어디에도 없다. 그 분노는 특히나 공인중개사에게 많이 표출되는데, 처음에는 돈이 급하니 빨리 팔아달라고 했다가, 나중에 집값이 오르면 나는 별로 팔 생각이 없었는데 중개사가 사람을 꾀어서 이렇게 많이 손해 봤다는 이야기를 하며 손바닥 뒤집듯이 태도를 바꾸는 경우도 너무나 많다. 매매 전에는 선생님이라 불렀다가 집 매매가 되고 나서 집값이 오르자 사기꾼이라고 부르기도 한다. 집값이 많이 올라 손해를 봤으니 중개 보수는 한 푼도 못 준다며 싫으면 계약을 엎어버리자며 막무가내로 언성을 높이는 손님들도 부지기수다. 이런 경우 매수자가 인테리어 업체와 실측을 하기 위해 방문 협조를 부탁하면 오른 집값에 배가 아픈 매도자는 이런 저런 핑계를 대면서 절대 집을 보여주려 하지 않을 수도 있다. 단순히 집을 보여주지 않는 것은 정말 다반사고, 오른 집값에 약이 올라 일부러 집을 부수고 나가는 경우도 있다. 일전에 오른 집값에 화가 나 에어컨 배관에 까나리액젓을 부어놓고는 이사를 갔다는 기사가 뉴스에 나온 적이 있다. 이렇게 매도자와 매수자의 감정 싸움이 극단적인 상황에서는 이제 정말 부동산 때려치워야겠다는 생각이 하루에도 수십 번씩이나 든다. 더 이상은 못 해먹겠다는 말이 목구멍을 치고 올라올 때도 많다. 그냥 다 집어던지고는 핸드폰 끄고 집에 가서 발 닦고 잠이나 자고 싶을 때도 많다. 분쟁의 사례는 너무나 다양하고 너무나 감정적인 경우가 많다. 큰돈과 감정이 얽혀 있어서 해결하기가 더 힘들다. 이렇게 무척이나 힘들고 머리 아픈 상황에서도 회피하지 않으려는 책임감이 필요하다. 그래서 나는 중개 일을 하면서 가장 중요한 자질을 '책임감'이라고 말한다. 내가 도장을 찍은 계약에 대해서는 그 결과가 좋든 나쁘든 상황을 회피하지 않고 내 손으로 마무리하려는 책임감 말이다. 물론 어떤 상황에서는 매도인과 매수인을 마주 앉혀놓고 중개사가 한 발짝 물러나 있는 것이 더 좋은 결과를 만들기도 한다. 하지만 그런 상황과는 별개로 계약을 하고 나서는 어찌 되든 모르겠다는 식으로 내던져 놓는 경우도 많이 봤다. 서로 조율하여 원만한 합의가 이루어진다면 좋겠지만 내가 쏟는 노력과 겪는 고통과는 별개로 모든 계약의 결과가 꼭 좋을 수만은 없다. 아무리 애써보아도 매도자는 화가 나 있고, 매수자도 투덜거리며 공인중개사 탓만 하는 경우가 실무에서는 참 많다. 돈 받고 도대체 하는 일이 뭐가 있느냐는 말도 참 많이 듣는다. 참 억울하다. 실컷 뛰어다니며 이것저것 최선을 다해 조율했는데, 그런 말을 들으면 온몸의 힘이 쭉 빠진다. 그래도 나 스스로는 알고 있다. 내가 얼마나 정성을 쏟아 의견을 조율하고 최선을 다했는지 말이다. 결과가 생각처럼 원활하지 않더라도 마지막까지 최선과 정성을 다하자. 그렇게 묵묵히 일하다 보면 이 세상의 누군가는 나의 그런 모습을 알아줄 것이다.

PART 2

부동산 중개업에 뛰어들기 전에 알아야 할 것들

01

중개사무소 폐업률 실화?

부동산 사무실은 정말 어딜 가도 있다. 이런 곳에도 사람이 살까 싶은 외지에도 부동산 사무실은 있으며 진입로가 보이지 않아 차가 들어갈 수 없는 곳에서도 '땅 매매' 현수막이 붙어있다. 주변에서 너무나 흔하게 볼 수 있는 게 부동산 사무실이다. 한 아파트 단지에도 적게는 여러 개에서 많게는 수십 개의 부동산 사무실들이 있다. 더 말할 것도 없이 부동산은 레드 오션이 맞다. 이렇게 부동산 사무실이 많은 이유는 부동산 사무실 창업은 타 업종에 비해 진입 장벽이 낮기 때문이다. 사무실 인테리어 비용과 각종 집기류 구매에 대한 부담감도 적다. 많지 않은 초기 자본과 한 달에 한두 건만 하자는 여유로운 생각으로 부담 없이 창업한다. 실질적인 준비 없이 덜컥 창업해놓고 오가는 손님만 받으며 응대하다가 생각보다 계약이 너무 없자, 광고를 해야겠다고 생각을 한다. 사업자 등록을 하고 포털사이트에 업체 등록을 하면 수많은 광고 전화가 오는데 그에 혹해서 상담원의 안내만 듣고는 광고의 효율

성과 적합성이 굉장히 낮은 광고를 진행하게 된다. 그때 전화 오는 광고들은 지역 특성이나 내가 가지고 있는 매물의 특성에 맞는 광고라고 보기보다는 겉보기에만 번지르르해 보이는 광고일 경우가 많다(현업에 갓 뛰어든 초보자가 봤을 때는 굉장히 그럴듯하다고 생각된다). 그렇게 시간이 흐르며 광고비로 적지 않은 돈을 투자하다가 변함없는 상황에 점점 지쳐간다. 조만간 부동산경기가 좋아지겠지를 되뇌며 버티다 버티다 더 이상 견디지 못하고 스스로 사무실을 정리하고 떠나는 경우를 많이 보았다. 내 주변에도 중개 사무실 문을 닫는 사람들이 점점 늘어나고 있다. 예전에 공동 중개를 몇 번 하면서 내가 자기 딸보다 어리다며 많이 예뻐해준 대표님도 얼마 전에 전화를 했다. 경기 불황을 더 이상 견디지 못해 폐업한다고 했다. 나이가 들어 인터넷을 거의 활용하지 못해 요즘의 광고들 틈에서 경쟁이 되지 않는 모양이었다. 부동산을 오랫동안 했으니 주변 지인들의 부동산 거래 때마다 매물을 알아봐 주곤 했는데, 나와 아파트 계약을 공동으로 한 뒤 몇 개월 동안 수입이 하나도 없다고 했다. 부동산으로 평생을 먹고 살았으니 아쉽지는 않다고 했지만 손녀딸 용돈 주는 재미라도 있었는데 이제는 그것도 힘들겠다며 씁쓸하게 웃었다. 그러고는 나더러 앞으로 긴 시간 동안 일해야 하니 계약서 특약사항을 정말 조심하라고 몇 번이나 당부했는데 아직도 그 말들은 감사한 마음으로 마음속에 담아두고 있다. 그렇다면 이렇게 많은 부동산 중개업소 사이에서 현재 중개업자들의 상황은 어떨까? 공평하게 개수 나눠 먹기일까? 한 달에 평균적으로 10개의 매매계약이 나오는 아파트 단지가 있다고 하자. 그 단지에서 나오는 전세와 월세 매물을 포함하였을 때 단지 안에 2, 3개의 부동산이 있는 것이 적정수인데, 부동산 업계의 포화 상태로 10개의 부동산이 있다고 한다면 대부분의 사람들은 모든 부동산에서 한 달에 하나씩 계약을 하여 최저임금을 보장하지 못하게 된다고 생각한다. 과연 그럴까? 과연 현장에서 10개의 계약을 각 부동산들끼리 공정하게 한 개씩 나눠 가지게 될 것인가? 사실 실무에서는 그렇지 않은 경우도 많다. 잘하는 한두 개의 부동산이 달에 3, 4건의 계약을 하고 나머지 부동산들이 6, 7개의 계약을 나눠 가진다. 계약 수를 이렇게 나눠서 가져가는 사무실에서는 월세 내고 광고비 내고 직원들 인건비, 또는 인센티브를 주고 나면 빠듯한 살림에 적자가 나기도 한다. 이것도 높은 권리금을 주고 들어간 단지 안에 있는 부동산일 경우의 이야기다. 초보 같은 경우에는 내 부동산 사무실의 입지 분석에도 실패하는 경우가 많다. 공인중개사는 삶의 터전을 마련해 주는 사람들이다. 사랑하는 가족과 함께 머물 소중한 보금자리를 찾는 데 도움을 주는 사람들이고, 한평생 업이 될 수 있는 일의 터전을 마련해 주는 사람들인데 자기 자신의 부동산 사무실의 위치 선정부터 실패하는 사람들에게 그 누가 무엇을 맡길 수 있을까.

신축 아파트의 입주장이라는 것을 본 적이 있는가? 마땅히 할 일도 없으니 슬슬 해보지 뭐, 하는 생각으로 부동산 창업을 생각하고 있다면 신축 아파트 단지 내 상가를 방문해 보라. 나는 부동산 창업에 대한 상담을 오는 사람들에게 부동산 입주장을 한번 보고 오라고 말한다. 입주장이란 신축 아파트의 입주 지정 기간에 매매와 전월세가 활발한 기간을 말하는데 단지 상가에 부동산들이 줄지어 입점되어 있는 형태이다. 신도시나 신축 아파트가 몰려있는 지역은 더 치열하다. 아예 입주장만 전문으로 하는 사람들이 있어 여러 지역을 돌아다니면서 입주 시기 전 분양권 거래와 정해진 입주 기간까지 전세와 월세의 임대, 매매 거래를 바짝 진행하다가 다시 빠지는 것을 반복한다. 예전에 공동 중개를 진행했던 공인중개사는 나에게 입주장은 욕망의 구렁텅이 같다는 말을 했었다. 부동산 중개업소의 경쟁과 열기가 장난이 아니라는 말이다. 일반 부동산보다 훨씬 더 치열하기 때문에 부동산을 오래 한 사람들도 치열함에 혀를 내두르기도 한다. 거기에서 사람들이 어떻게까지 경쟁하고 치열하게 일하는지 한번 보고 오라고 하면 대부분의 사람들은 고개를 절레절레, 나는 저렇게까지는 못 하겠다고들 말한다. 내가 이렇게까지 말하는 이유는 그냥 한번 해보지 뭐, 하는 가벼운 생각으로 치열한 부동산 경쟁 시장에 들어오지 않았으면 하는 바람이기 때문이다. 한평생 아등바등 피땀 흘려 모아온 소중한 재산을 높은 권리금에 몽땅 써버리고는 나중엔 그 권리금마저도 제대로 회수하지 못하고 나오는 경우를 너무나 많이 보았기 때문이다. 당신이 한번 해보지 뭐 하는 마음으로 일하고 있을 때 이제는 연차가 조금 쌓여 단골이 꽤나 있는 나도 이를 악물고 일을 한다는 것을 명심했으면 좋겠다. 앞으로의 부동산은 양극화가 더욱 뚜렷해질 것이다. 잘 버는 부동산은 언제나처럼 잘 벌 것이며, 못 버는 부동산들은 앞다투어 폐업을 면치 못할 것이다. 예전의 주먹구구식의 부동산들은 더욱더 살아남기 힘들어질 것이다. 살아남는 부동산 사무실이 되기 위해서는 남들과 똑같이 해서는 안 된다. 치열한 전쟁터에서 살아남으려면 다른 부동산보다 무엇이든 조금씩 더 해야 한다. 더 많은 광고를 더 효율적으로 해야 하며, 바로 옆의 부동산보다 더 많은 정보를 알아야 한다. 옆의 부동산이 하나의 지식을 가지고 있다면 나는 하나 더 알아야 경쟁에서 우위를 점할 수 있다. 그래야만 먹고 살 수 있다. 어느 업종이든 그렇다. 부동산뿐만이 아니다. 하물며 동물의 세계에서도 똑같다. 약한 동물이 강한 동물에게 잡혀 먹고 그 강한 동물은 최고 포식자에게 잡혀 먹힌다. 강하고 준비된 자만이 살아남는 것이 이 세상의 원리이다. 나는 매일 어떻게 더 잘할 수 있을지, 오늘보다 내일 조금 더 나아질 수 있을지 생각한다. 남들과 똑같이 해서는 손님의 선택을 기다릴 수밖에 없다. 나를 선택할 수 있도록 준비하자. 아무리 폐업률이 높은 경쟁 상황에서라도 누군가는 분명히 살아남을 것이며, 누군가는 다른 중개업소에 밀려 월세와 광고비의 부담에 폐업을 하고 말 것이다. 이 책을 읽는 분들과 나는 부디 살아남는 쪽에 서 있기를 바란다.

02

일은 잘 가르쳐줄까

일은 스스로 배우는 것이다

부동산 중개 시장에 들어오려고 마음먹은 공인중개사들이 가장 많이 묻는 질문은 어떤 부동산 사무실이 나에게 일을 잘 알려줄까다. "소공으로 취직했는데 일을 잘 안 가르쳐줘요. 집이 가까워서 한 일 년만 배우고 개업하려고 했는데 배우는 게 없네요"라는 말을 참 많이도 듣는다. 어떤 사람들은 여기서 일을 열심히 배우면서 단골들을 만들면 나중에 개업할 때 도움이 되리라는 야심에 찬 포부를 드러내기도 한다. 이런 말을 듣고 있으면 뭔가 좀 이상하다는 생각이 든다. 한편으로는 너무 뻔뻔해서 당황스럽기도 하다. 유명한 맛집의 비법을 전수받는 게 쉽지 않다는 건 누구나 알고 있다. 처음 들어가서 제대로 된 요리 도구는 잡아보지도 못하고 파만 몇 개월 동안 썰어야 할 수도 있고 1년이 넘는 시간 동안 설거지만 해야 할 수도 있다. 비법은 며느리도 모른다는 우스갯소리가 그냥 나온 게 아니다. 그런데 부동산 중개에 대해서는 뻔히 비법부터 알려달라고 하는 사람들이 많다. 나도 처음 부동산 사무실 면접을 볼 때 다짜고짜 "일을 잘 알려주시나요?"라고 물었다. 시간이 흘러서 스스로 개업을 해보고서야 알았다. 나는 유명한 맛집에 뚜벅뚜벅 들어가서 "여기 비법 레시피 좀 적어주세요"하는 것과 다를 바 없는 행동을 한 것이다. 평생을 갈고 닦아온 중개 기술을 처음 보는 타인에게 차근차근 설명을 해주는 경우는 당연히 없다. 자기가 배워온 모든 노하우를 남을 위해 오롯이 제공하기는 힘들다. 부동산 중개 사무실은 중개 실무 학원이나 과외가 아니다. 경쟁자가 될 게 뻔하지 않은가. 자격증을 가지고 언젠가 개업하려는 목표를 확실히 가지고 있는 사람들이다. 그렇기 때문에 실무에 나오는 순간 우리는 모두 경쟁자가 된다.

서로가 경쟁자라는 사실을 거두절미하고도 몇십 년 경력의 노하우와 중개 스킬을 누가 옆에서 가만히 앉혀놓고 설명을 해준다 해도 그것을 온전히 내 것으로 만들 수는 없다. 그렇게 친절한 기회가 있다 해도 사람마다 말을 하는 스킬이나 브리핑을 하고, 손님을 당기는 방법은 모두 달라서, 일을 하면서 진정 내게 잘 맞는 방법을 찾아야 한다. 가끔 티비에서 유명한 맛집의 레시피를 몽땅 공개한다. 진행자들이 정말 이렇게 모든 방법을 다 알려주셔도 괜찮냐며 우려해도 맛집 주인은 "다 알려줘도 어차피 똑같이 못 낸다"며 무덤덤한 반응이다. 인터넷에 돌아다니는, 아르바이트생이 알려주는 진짜 레시피 영상이 유튜브에 수도 없이 많지만 막상 따라 해보면 어쩐지 어설픈 맛만 날 뿐이다. 개업에 대한 상담이나 소속 공인중개사 사무실의 답답한 생활에 대해 상담을 해오는 분들에게 이 이야기를 꼭 해주고 싶다. 일은 누가 알려주는 것이 아니라 스스로 배우는 것이다. 일을 하는 스킬이나 손님을 계약으로 이끌어내는 방법은 스스로 만들어나가는 것이라는 이야기를 꼭 하고 싶다. 계약이 빈번한 사무실에서 다른 사람의 계약을 볼 수 있는 것조차 소중한 경험이다. 다양한 종류의 상가 계약이나 쉽게 보기 힘든 계약일수록 그렇다. 일을 갓 시작한 입장에서는 계약서 브리핑을 보는 것만으로도 소중한 피와 살이 된다. 나는 계약서 브리핑도 배우지 못해서 계약을 듣거나 볼 수 있는 기회가 생기면 핸드폰으로 녹음해 와서 집에 오면 그 내용을 반복해서 들으며 따라 해보곤 했다. 일은 스스로 배우고 자신의 스타일을 찾아가는 것이다. 너무 냉정한 이야기인 것 같지만 왜 일을 안 가르쳐주느냐고 투덜거릴 시간에 책 한 글자라도 더 보는 것이 실력을 키우는 데 더 도움이 된다.

03

경력 없이 바로 개업해도 괜찮을까

자격증을 갓 취득한 합격자들이 묻는 질문이다. 나의 개인적인 생각으로는 최종 목표가 중개 사무실 개업이라면 두 눈 질끈 감고 질러 보는 것도 괜찮다고 생각한다. 소속 공인중개사로 일하는 것과 개업 공인중개사로 일하는 것은 또 다른 이야기이기 때문이다. 소속 공인중개사가 할 수 있는 일과 개업 공인중개사가 해야 하는 일은 확연히 다르다. 나는 소속 공인중개사로 잠시 근무했지만 내가 일했던 사무실은 공장형 사무실로 간단한 원룸 임대만 하는 사무실이었다. 내가 일했던 공장형 사무실에서는 중개 사고의 위험이 가장 적은 원룸 임대만을 진행했기 때문에 오늘 당장 계약의 수는 많았으나 매일 출근해서 하는 일은 언제나 비슷했고, 아침에 출근해서 당장 눈앞의 조그만 계약을 위해서 여기저기 뛰어다니다 보면 내가 실제로 해보고 싶었던 상가나 토지 및 분양권 등의 중개는 엄두조차 내기 힘들었다. 또한 소속으로 일하다 보니 아무래도 대표의 눈치를 볼 수밖에 없었고, 사무실에서도 지금 당장 계약이 나오지 않는 매매나 상가 중개에 대한 공부에 매달리는 것보다는 오늘 당장 수입을 벌어들일 수 있는 임대 계약만을 원하기도 했다. 소속 공인중개사로 근무하면서 일의 기본 사항들을 조금씩 터득할 수 있었지만 여태까지 내가 했던 일들과 지금 당장 사무실 운영을 위해 내가 해야 하는 일들은 많이 달랐다. 개업을 하고 나자 처음부터 다시 시작해야 했다. 내 중개 사무실의 특성과 주로 찾아오는 주 고객층, 그리고 가장 많이 다루게 될 중개 대상물과 그에 적합한 광고 방법이 기존에 소속 공인중개사로 근무했던 사무실과는 많이 달랐기 때문이다. 아주 초보 때는 어떤 매물이 손님들이 좋아할 매물인지, 부동산 시장에서 인기가 많은 매물인지 알 수 없기 때문에 시행착오를 거치며 내가 하고 싶은 방향대로 이것저것 마음껏 일해보는 것이 좋다. 아파트 단지 안에 위치해서 해당 아파트만 거래하는 부동산이 아닌 이상 내 부동산 사무실의 위치에 맞는 광고 루트와 광고의 방향성은 소속 공인중개사로 얼마만큼 일을 잘 배웠고 얼마 동안의 중개 실무 기간을 쌓았는가와는 다르게 처음부터 하나씩 쌓아가야 하는 것들이다. 가이드라인 하나 없이 내가 해보고 싶은 것을 마음껏 해보던 개업 초기에 나는 정말로 빠른 성장을 했다. 책에서 이론으로만 보았던 것들을 실제로 하나둘씩 해보면서 이런저런 시행착오를 참 많이도 겪었다. 실무에 관한 지식들은 소속 공인중개사로 있었던 기간이 무색하게도 하루가 다르게 늘어나고 있었다. 수도 없이 좌절하며 해보고 싶었던 중개 분야에 시간을 투자하고 노력하니 길이 조금씩 보이기 시작했다. 당장 계약이 쏟아지진 않았지만 조금씩 내가 나가야 할 방향을 찾아가기 시작했고, 그렇게 가다 보니 하나둘씩의 소중한 계약으로 이루어졌다. 그리고 이렇게 올바른 방향을 찾는 것은 하루이틀의 짧은 시간 안에 해결되는 것이 아니다. 시간을 들이고 공을 들여 경험치를 하나둘 차곡차곡 쌓아야 한다.

물론 경력 없이 개업을 하면 엄청난 고생을 하게 될 것이다. 일을 하면서 융통성을 쌓아나가는 그 과정 동안 정말 많은 시련을 겪을 것이다. 나는 소속 공인중개사로서 꽤 많은 계약을 했다고 자부했지만 내가 했었던 것은 비교적 중개 난이도가 쉬운 원룸 임대계약과 조그마한 오피스텔 매매 몇 개가 전부였었고, 다양한 분야의 중개를 공부하면서 내 마음대로 되지 않음과 일의 힘듦에 매일 밤 베개를 적시며 잠들었다. 많은 사람들이 젊음은 돈으로 살 수 없다고들 입을 모아 말한다. 어떤 사람들은 지금 가진 것을 다 버리고도 젊어질 수 있다면 뒤도 안 돌아보고 젊음을 택할 것이라고들 한다. 누가 지금의 나에게 그때의 젊음을 줄 테니 처음으로 다시 돌아갈 수 있는 기회를 준다고 하면 나는 다시 돌아갈 자신이 없다. 순간순간의 고비가 너무나 힘들고 버거웠다. 다시 그 고난을 겪을 자신이 없다. 연차가 조금 쌓인 지금도 여전히 고비일 때가 많다. 아직도 가끔 발생하는 쉽게 해결되지 않는 분쟁에 머리를 뜯으며 세상 모든 신을 부르짖으며 "제발 이것만 해결해 주시면 착하게 살게요"라는 말을 수십 번 수백 번씩 내뱉곤 한다.

아무것도 하지 않았는데 오고 가는 손님들과 계약하며 안정적인 수입이 나오는 건 꿈이고 환상이다. 특히 자격증을 갓 취득한 무경력자라면 개업하고 최소 몇 개월 동안 손가락 빨 각오를 하고 중개 시장에 들어와야 한다. 아까도 말했듯이 자리를 잡아가는 데 많은 시행착오를 거쳐야 하기 때문이다. 초보 때는 지금 당장 돈을 버는 것보다 수업료를 주고 배우는 과정이라 생각했으면 좋겠다. 보통의 현실은 내가 예상하고 마음먹었던 각오보다는 훨씬 차갑고 냉정하기에 눈물 쏙 뺄 각오 또한 해야 한다. 경력 없이 개업하는 건 추천하지만 정말 마음 단단히 먹고 중개 시장으로 들어오라.

04

실무 교육은 꼭 해야 할까

좋은 강의에 돈을 아끼지 마라

돈으로 살 수 있는 시간은 돈으로 사야 한다. 막을 수 있는 분쟁은 막아야 한다. 일을 하다 보면 아무리 조심하고 아무리 몸을 사려도 피할 수 없는 분쟁들과 마주하게 된다. 내가 잘못하지 않은 상황에서도 죄송하다는 소리를 종일 입에 달고 살기도 한다. 부동산은 큰돈이 걸려있기 때문에 사람들의 다양한 모습을 보게 되는 경우가 참 많다. 아주 사소한 부분, 예를 들어 전등 스위치 하나로도 종일 감정 싸움을 하는 경우도 보게 된다. 나는 일을 배우는 방법으로 직접 현장에서 부딪히며 배우는 것을 가장 추천하지만, 상가나 토지는 꼭 선행 학습, 실무 교육이 필요하다고 생각한다. 주거용 부동산은 비교적 가격이 저렴하고 토지나 상가 등은 가격이 비싸다는 것을 이야기하는 것이 아니다. 금액의 크고 작음을 떠나서 주거용 부동산의 경우에는 금액 면이나 개인 간의 감정, 또는 일정 조율이 문제가 되는 경우가 많다. 이사 날짜나

가격 조절 등 사람과 사람과의 조율은 힘든 것과는 별개로 그래도 조율 가능성이 있는 문제들이다. 아무리 팽팽히 맞선다 해도 한쪽이 조금 더 양보하거나, 서로 협의하며 합의점을 찾아가는 것이 가능하다. 그에 비해 상가나 토지 같은 경우는 해당 관청과의 인허가가 문제가 되는 만큼 특별히 조심해야 한다. 각종 인허가는 아무리 내가 조율을 잘하고 감정으로 피력한다고 해서 양해를 구하거나 융통성을 발휘할 수 있는 부분이 아니기 때문이다. 실제로 상가를 처음 접해보는 초보 공인중개사는 이미 계약금을 진행하고 난 후 이러한 인허가 부분이 문제가 된다는 것을 알게 되는 경우가 있다.

나의 고객 이야기를 해보려 한다. 그는 현재 요식업을 하고 있는데 첫 매장을 차렸을 때의 이야기다. 마음에 쏙 드는 매장을 발견해서 임대차 계약을 하고 설레는 마음으로 인테리어를 했다고 한다. 첫 가게이니만큼 애정을 듬뿍 쏟아 직접 자재 하나하나 손수 고르며 인테리어를 했다. 건물 외부 공사와 내부 공사를 모두 마치고 마지막으로 마음에 쏙 드는 간판을 달고 나서 사업자를 내러 갔더니 불법 건축물로 인해 일반음식점 영업 허가가 나오지 않는 곳이라는 말을 들었다. 청천벽력 같은 이야기였다. 부족한 예산을 걱정해서 중개 보수를 아끼려 발품을 팔아 수많은 가게를 둘러보고 직접 계약한 결과였다. 들어간 시간과 노력과 비용이 무색해지는 상황이었다. 이야기를 듣는 것만으로도 아찔해진다. 이렇게 안타까운 상황에서 만약 이 계약이 개인 간의 직거래가 아니라 초보 중개사가 아무것도 모르고 진행한 상황이라면 어찌 되었을까? 총 투입된 인테리어 비용과 임대차 계약에 대한 배상 문제가 문제가 될 뿐만 아니라 중개사가 그것도 모른다며 많은 질타를 받았을 것이다. 생각만 해도 아찔해지는 상황이다. 상가 중개에 대한 기본 지식만 있었어도 피할 수 있는 상황이다. 정신 건강을 위해서라도 피해갈 수 있는 상황과 갈등을 모두 전면으로 마주칠 필요는 없다. 분쟁이 일어날 만한 모든 상황을 검토하고 또 검토해도 예상치도 못했던 곳에서 또 다른 분쟁이 나타나는 것이 우리 일이기 때문이다. 고통받는 것을 좋아하지 않는 인간인 이상 말이다.

사람들이 입을 모아 분식집 하면 정말 잘 되겠다고들 말하는 점포들이 있다. 아무런 관련 지식이 없는 일반인들이 보아도 유동 인구도 많고 장사가 잘되겠다 하는 자리에 왜 생뚱맞게 저런 업종의 가게가 들어가 있을까 하는 곳들이 종종 있는데 그 이유는 보통 이런 인허가 문제다. 실제로 장사를 처음 해보는 사람들은 무작정 본인이 생각하는 좋은 위치에 뚝딱뚝딱 인테리어를 하고 장사를 시작하면 되는 줄 아는 경우가 많다. 그런 유형의 사고를 방지하기 위해서라도 실무 교육을 받아야 한다. 비록 내가 직접 경험해서 부딪혀가며 배워나간다면 평생 절대로 잊지 못할 기억이 될 것이 분명하지만 번 돈보다 배상해야 하는 돈이 훨씬 많을 수도 있다. 이런 말을 한다고 해서 상가 중개에 대한 모든 것을 알고 개업을 하기 위해 개업을 늦출 필요나 겁먹을 필요는 절대 없다. 상가 중개에 대한 공부는 자격증에 합격하기 위한 공부처럼 달달 외우는 공부는 아니다. 세상의 존재하는 모든 종류의 상가 인허가와 중개에 대한 부분을 달달 외울 수는 없다. 세상에는 정말 다양한 분야의 상가 중개가 있다. 아무리 열심히 일한다고 해도 평생 살면서 모든 업종의 중개를 해보지 못할 가능성이 높다. 세상의 모든 상가에 대해서 달달 외우고 있으면 공인중개사를 할 게 아니라 공법 교수님이 더 적합하지 않을까 싶다. 상가 중개에서 가장 포인트가 되는 것은 내가 어떤 업종의 중개를 할 때 어느 것을 확인해야 하는지 아는 것이다. 내가 일반음식점을 중개할 때 건축물의 용도가 근린생활시설이고 정화조 용량과 하수도 원인자부담금이 문제 될 일이 없는지, 위반 건축물이 없는지 등 어떤 것을 체크하고 중개를 해야 하는지에 대해서는 반드시 알아야 한다.

실제로 나는 사무실에 상가에 대한 책을 항상 구비한다. 상담을 하다 보면 이런 직업도 있었단 말야? 할 만큼 다양한 직종의 고객들을 맞닥뜨리게 되는데 그럴 때마다 급하게 펼쳐보며 내가 체크해야 할 요소들을 한 번 더 확인한다. 상가 중개에서는 주거용 부동산보다는 아찔하고 다양한 사례가 정말 많다.

05

젊은 나이에 부동산을 해도 괜찮을까

올해 나이 서른다섯, 사회생활에서 적은 나이가 아니라는 걸 나도 잘 안다. 아이를 몇이나 낳은 친구들도 여럿 되고, 직장생활을 하고 있는 친구들도 이제는 어느 정도의 직함을 달고 있다. 요즘은 젊은 사람들도 부동산 중개 일을 많이 하지만 내가 있는 곳은 지방이라 그런지 아직도 신기하게 생각하시는 분들이 많은 것 같다. '공인중개사' 관련 개인 블로그와 유튜브를 하다 보면 "나이가 어린데 부동산 해도 괜찮을까요?"는 꾸준하게 들어오는 단골 질문이다. 나 또한 개업하기 전에 가장 많은 고민을 하게 한 주제였다. 지방의 10평짜리 조그만 부동산 사무실을 운영하는 내 이야기가 절대적인 것은 아니지만 나의 이야기를 한번 해보려고 한다. 인터넷에서는 부동산을 하려면 어느 정도 나이가 있어야 한다는 의견이 많고, 나이가 어리면 적은 금액의 원투룸 중개밖에 못한다는 말이 대부분이었다. 반신반의하긴 했지만 일단은 도전해 보았다. 개업 초반에 사무실에 앉아있으면 "아가씨, 사장님은 어디 갔느냐"며 사장님을 불러 달라는 말을 참 많이도 들었다. 나와 상담을 하면서도 곁눈질로 벽면에 붙어있는 자격증을 살피시는 분이 워낙 많아 자격증 걸어놓는 위치를 아예 가게 전면으로 옮겨놓기도 했다. 절대적인 것은 아니지만 '어리면 경력이 없다, 곧 초보다'라는 인식이 강하기 때문에 나이가 어린 공인중개사들은 원투룸 중개밖에 못 한다는 이야기가 있는 것 같다. 나도 처음에는 그렇게 생각했다. 처음에 일했던 공장형 사무실에서는 사고가 가장 적고 분쟁 발생 확률이 적은 원투룸 임대만을 했었다. 그곳에서는 계약서 브리핑이라고 해봤자 계약서를 들이밀면서 여기 여기 확인하고 사인하라고 하는 것이 다였다. 어쩌다 간혹 상가나 매매 매물이 접수되기도 하였지만 대체로는 경쟁력이 없는 매물(매매가 성사되기 전까지 시간이 꽤 소요되는 매물)이었고 접수된 매물에 적합한 광고 루트를 알지 못해 장부에만 기록되어 있는 것이 다반사였다. 소속 공인중개사로서 일했던 사무실에서 원투룸 임대 빼고는 매매계약이 진행되는 것을 단 한 건도 본 적이 없다. 다들 벌어들이는 수입에 비해서 많은 광고비를 지출하고 있었으며, 한 우물 안에서 한정된 정보를 가지고 오직 원투룸 임대로만 서로 치열하게 경쟁하고 있었다. 나는 그때 너무나 간절하게 매매가 해보고 싶었다. 중개대상물의 금액이 중요한 게 아니라 아무리 작은 것이라도 좋으니 매매계약이 너무나 해보고 싶었다. 지금 생각해 보면 워킹 손님이 전혀 없는 2층에 위치해 있는 사무실에서 원투룸 임대 광고만 하고 있는데 매매 손님이 찾아오는 것이 더 이상한 것이지만 그때는 마음의 여유도 없고, 일에 대한 시야도 좁아 그런 생각조차 하지 못했다. 그때의 나는 동네 부동산에 다 내놓고도 소식이 없어 우리 부동산 사무실까지 나온 경쟁력이 없는 매물들을 매물 장부에서 꺼내어 이런저런 광고를 해보곤 했다. 비싼 유료 광고를 이리저리 해보면서, 원투룸 임대로 번 돈을 모두 새로운 광고에 쏟아붓는 과정을 반복했다. 그럼에도 계약은 쉽지 않았고 내가 나이가 많지 않아 원투룸 임대만 하는 것이라는 생각은 점점 커져만 갔다. 어쩌다 잡힌 매매 안내는 온 열정과 성의를 다해서 진행했다. 많은 손님들이 생각해 보고 연락 준다는 말만을 남겨놓고 사라졌으며 수없이 많이 안내를 해도 계약으로 성사되지는 않았다. 그래도 간혹 손님들의 소중한 피드백을 받았고, 점차 더 해당 매물에 적합한 광고 루트와 브리핑 방법, 중개 스킬을 알게 되었다. 이 과정을 수도 없이 반복하고 나서야 나는 첫 매매계약을 할 수 있게 되었다. 첫 매매계약이 성사되자 두 번째는 아주 쉬웠다.

내가 마냥 어렸기 때문에 매매를 하지 못했던 것일까. 나의 경우는 아니었다. 내가 젊기 때문에 금액대가 높은 중개대상물을 거래하지 못한 게 아니라 내가 준비되어있지 않았기 때문이었다. 회사원이 월차나 반차를 내면서까지 일정을 비워서 부동산을 보러 오는 것은 매수 의향이 높다는 것이었지만, 첫 번째로 그 손님들이 어떤 물건을 원하는지, 원하는 물건을 정확히 캐치하지 못했고, 두 번째로 입맛에 딱 맞는 부동산을 제시하지 못했다. 내 장부에는 비교적 사람들에게 경쟁력이 낮은 물건들만 주로 접수되어 있었기 때문이다. 어떻게든 거래를 성사하고 싶은 마음에 손님의 취향에 맞는 물건을 다시 찾아보기보다는 가지고 있는 물건의 좋아 보이는 점만 계속 강조했었고, 그중 손님이 마음에 들어 하는 물건이 있어도 계약으로 유도할 수 있는 능력이 부족했던 탓이었다. 광고를 내는 것은 나이에 상관없이 그 누구나 돈만 주면 할 수 있지만 그 광고를 보고 연락 온 손님들과 상담을 하는 것은 다르다. 짧은 순간 몇 마디만 나눠보면 실력이 고스란히 드러난다. 손님이 무언가에 대해서 물어봐도 내가 해당 분야의 지식이 없었기에 전혀 엉뚱한 대답을 하고 있거나 핵심적인 내용은 쏙 빠져있는 순간적 재치로 상황을 모면하는 대답을 하곤 했다. 그것에서 내 실력은 드러났다. 그런 대답을 들으면 나의 신뢰도는 더욱 떨어지게 되는 것이다. 그 무렵의 나는 고시원 매매 광고를 내놓으면서 고시원에 대한 기본적인 이해나 정보가 전혀 없었고, 손님이 고시원 운영이나 수익률에 대해 물어보면 아는 바가 없어 자신 없는 말투로 알아보겠다 얼버무리며 소중한 손님들을 떠나보냈다. 이때 나이가 어린 것은 더더욱 핸디캡이 돼버린다. 부동산은 전 재산에 해당되는 큰돈이 왔다 갔다 하는 만큼 경험치와 일의 숙련도가 중요시된다. 아무래도 너무 젊거나 경험 없어 보이는 사람에게 전 재산에 해당하는 돈을 주고받는 거래를 맡기는 것은 못미더울 수도 있다. 젊은 사람이 첫눈에 신뢰를 얻지 못하는 건 사실이다. 나는 지금도 까다로운 계약이나 어려운 계약을 할 때는 검증의 시간을 갖는다. 손님들은 어떤 것을 일부러 질문해 보기도 하고 내가 어떻게 대답할지 지켜보기도 한다. 그런 검증의 시간을 거쳐야 손님은 나에게 비로소 마음을 열게 된다. 부동산 중개를 하려면 어느 정도 나이가 있어야 한다는 말은 어떠한 문제가 발생했을 때 그 상황을 유연하게 넘어갈 수 있는 지혜란 쉽게 얻어지는 것이 아니기 때문일 것이다. 한번은 내가 5년 차일 때 회사를 갓 정년퇴직한 초보 대표님과 공동중개를 한 적이 있는데 손님이 나에게 열심히 하면 저 대표님처럼 평생 부동산 할 수 있다고 해서 그 대표님과 서로 눈빛 교환하며 웃음이 터진 적이 있기도 하다. 가만히 있어도 경력이 많아 보이는 것은 너무 부러운 일이지만 손님들은 중개사의 겉모습만 보고 거래를 하지 않는다. 중개를 하다 보면 무엇보다 실력이 필요할 때가 많다. 누구나 거래하고 싶어 하는 큰 물건, 그런 류의 거래는 확률상으로도 계약이 쉽지는 않다. 그 적은 확률을 고사하고도 나이가 어려서 계약을 못 한다기보다는 실력이 없어서 계약을 못하는 경우가 더 많았다. 내 경우에는 그랬다.

그렇다고 어리다고 해서 마냥 단점만 있는 것은 아니다. 우리 동네 어머님들이 나를 얼마나 예뻐하시는지, 부동산 거래 절벽 같은 기사가 뜨면 집에 있는 과일이고 쌀이고 바리바리 싸오셔서는 사무실 문을 빼꼼 열고는 내가 책상에서 일어나면 어서 빨리 일하라며 손사래를 치시고는 먹을거리를 냅다 두고 가신다. 나를 아가라고 부르시는 분들도 많고, 일을 하면서 맨날 느끼는 건데 내가 이 나이에 어디에서 이렇게 사랑을 듬뿍 받을까 싶다. 이렇게 일하면서 예쁨을 받을 수 있다는 점 말고도 나이가 어린 것이 진짜 강점이 되는 부분이 있다. 변화하고 있는 중개 시장에서 다양한 광고매체가 새롭게 등장했다. 수도 없이 많은 신규 앱들이 등장했고, 또 요즘은 유튜브 같은 영상으로 광고를 진행하기도 한다. 아무래도 연세가 많은 분들은 새로운 기술을 익히는 것이 쉽지 않고 새로운 매체에 진입하는 데 어려울 수밖에 없다. 그리고 같은 기술을 배운다고 해도 젊은 사람의 감각으로 좀 더 돋보이고 좀 더 가시성이 좋게 광고할 수 있다. 같은 사진 한 장을 편집한다고 하더라도 더 넓어 보이고 더 예뻐 보이게 사진을 보정할 수도 있다. 나는 젊은 사람들의 이런 새로운 매체에 대한 이용 가능성을 굉장히 높게 보고 있다. 나이가 어리다는 이유로 기죽거나 속상해하지 말고 열심히 실력을 쌓자. 실력을 쌓다 보면 기회는 반드시 오고, 준비되어 있으면 기회를 잡을 수 있다. 실력이 출중하고 일에 대한 숙련도가 높으신 분들이 처음부터 실력 있고 능숙했던 게 아니다. 지금부터 차곡차곡 쌓아나가다 보면 한 발자국 더 앞서 있을 수 있다. 젊은 공인중개사, 기죽지 말고 파이팅!

06

공장, 토지 등 중개 보수가 큰 것 위주로 하고 싶다면

중개업에 들어오는 많은 사람들이 공장이나 토지 등 중개 보수가 큰 것 위주의 중개를 하고 싶어 한다. 원투룸 중개는 중개 보수가 워낙 적기 때문에 흔히 말해 폼이 나지 않는다고 한다. 중개업을 처음 시작하는 많은 사람들이 몇십억, 몇백억짜리 큰 물건의 중개를 진행하고 싶다며 의지를 불태우며 중개업에 들어왔다가, 몇 달 혹은 1, 2년이 지나도 성사되지 않는 계약과 어쩌다 겨우 한 번씩 울려대는 핸드폰에 부동산 중개의 재미를 접해보지도 못하고 일을 그만두기도 한다. 일을 처음 접해보는 초보일수록 아주 작은 것부터 시작해야 한다. 물론 일의 스타일이라는 게 사람마다 다 다르고 절대적인 답은 없지만 초보라면 작은 계약을 성사시켜보는 것으로 시작해 일의 재미를 느껴보는 편이 좋다. 찾는 사람들이 많은 적은 금액의 중개일수록 계약으로 성사될 확률이 높고, 혹여나 발생할 중개 사고의 위험성이 적다. 마라톤을 연습하는 사람들이 뛰는 연습도 없이 완주 후에 목에 걸려있는 빛나는 메달부터 생각한다. 사람들에게 마라톤 메달을 따기 위해서는 달리기 연습을 해야 한다는 이야기를 하면 너무나 뻔한 이야기라고 생각한다. 하지만 중개업에서는 처음부터 공장, 토지 등 중개 보수가 많은 것만 거래하며 처음부터 큰돈을 만질 수 있을 것이라는 그런 달콤한 이야기만 믿고 들어오는 사람들이 많다. 많은 사람들이 처음부터 한 단계 한 단계 밟아갈 생각은 하지 않고 무조건 폼 나고 멋진 것만 하려 하는 것이다. 내가 처음 소속 공인중개사로 일을 시작한 사무실은 책상 하나와 일정 금액을 주면 인근의 공실 내역을 제공해 주는 프로그램의 아이디 하나를 제공하고는 그 뒤로는 스스로 일을 배워야만 하는 공장형 사무실이었다. 그곳에서는 많은 사람들이 부동산 중개, 큰돈이 왔다 갔다 할 것이라는 부푼 꿈을 안고 중개 시장에 들어왔다가 원룸 임대만 해야 하는 현실에 마냥 실망했고, 그 또한 제대로 되지 않아 생활고를 겪으며 힘들어하는 상황을 참 많이도 보았다. 내가 본 많은 이들은 수익 없이 버티고 버티며 울리지 않는 전화기만 붙잡고 초조해하다가 "이제 부동산 중개 시장은 끝났어"라며 스스로를 위로하며 부동산 중개업을 떠나곤 했다. 그렇게 떠나간 사람들을 수도 없이 보았다. 일전에 먼 타지에서 다짜고짜 취업을 시켜달라며 면접을 보겠다고 찾아온 사람이 있었다. 눈을 반짝이며 얼마나 벌 수 있냐고 물었다. 지금도 이런 질문을 받으면 참으로 난감한데 나는 아직도 이 질문에 대한 적당한 답을 모르겠다. 수많은 실무자 사이에서 월 천만 원은 우습게 버는 사람들을 참 많이 본다. 그리고 달에 딱 한 건조차 계약하지 못하는 사람들 또한 무수히 많이 본다. 당장 오늘만 해도 부동산이 수도 없이 생기고 수도 없이 사라진다. 하는 만큼 법니다라고 말하면 사람들은 너무 식상하다며 구체적인 금액을 말해달라고 안달복달한다. 듣고 싶은 말을 해달라는 것이다. 다짜고짜 면접을 보러 온 젊은 남자는 친한 지인이 타지에서 부동산 중개를 하고 있다고 했다. 학창 시절에는 분명 본인이 공부를 더 잘해서 대기업에 들어갔는데 본인보다 공부도 못했고 학업에 충실하지도 않았던 친구가 본인보다 훨씬 더 좋은 차를 타고 돈을 많이 번다며 억울해했다. 나에게 얼마를 버는지 솔직하게 말해달라고 했다. 회사를 그만두고 싶다고도 했다. 열심히 살았던 본인의 과거가 초라하게 느껴지는 듯 보였다. 면접을 보고 싶다고 무턱대고 찾아온 사람이지만, 먼 거리를 달려온 게 안타까워 궁금해하는 이런저런 질문에 답해주었다. 마침 사무실 자리에 티오도 없었지만 만약 공석이 있었다고 해도 중개의 단면만 보고 큰돈을 벌고 싶다는 그를 채용할 수는 없었다. 근무하던 회사의 네임 밸류와 근무 조건도 무작정 큰돈을 만지고 싶다고 그만두기에는 너무나 아까웠다. 나는 그에게 회사를 그만두지 말라고 이야기했다. 매달 들어오는 수입 금액이 천차만별인 자영업자의 경우에는 작든 크든 회사에서 들어오는 고정수입이 부러울 때도 있다. 계약을 많이 했지만 잔금이 한때로 몰려 지금 당장 현금이 없는 경우도 있다. 젊은 나이의 사람이라면 무조건 도전해 보라고 하겠지만 그에게는 외벌이에 가족들이 딸려있었다. 불확실한 수입을 감당하기에는 다니고 있는 회사가 너무나 아까웠다. 남의 일이라고 듣기 좋은 이야기만 늘어놓고 지나갈 수도 있었으나 딸린 가족들과 몇천 대의 중개 보수를 늘어놓는 뜬구름 잡는 이야기만 하고 있는 그의 이야기를 듣자니 너무 막막해졌다. 그의 이야기에는 노력해야 하는 과정은 하나도 없고 누가 봐도 멋지고 빛나는 성취에 대한 이야기들만 가득하였다. 나의 만류에도 결국 그는 회사를 그만두었다. 한참 뒤에 연락이 와서 개업을 했는데 여태까지 계약을 하나도 하지 못했다고 했다. 조언을 해 달라고 해서 금액대가 낮은 주거용 부동산이라도 병행하라고 했다. 하지만 그는 주거용 부동산의 경우에는 남자가 집을 보여주기는 좀 그렇다는 말만 하였다. 그 뒤로도 힘들다는 이야기와 조언을 구하는 몇 번의 메일이 왔었고 어느 순간부터는 연락이 오지 않았다. 나도 처음에는 금액대가 높은 물건들이 너무나 멀게만 느껴졌고 그런 거래를 하는 사람들은 나와 전혀 다른 사람 같았다. 이상하게도 중개를 하면 할수록 금액대가 큰 계약은 더욱더 멀게만 느껴지기만 했다. 수도 없이 안내를 해도 정말 지독하게 계약과 연결되지 않았다. 대체 뭐가 문제일까 머리를 싸매는 시간들도 참 많았다. 큰 금액의 계약이 이렇게까지 성사되지 않는 것이 내 어린 나이 때문인가 하는 생각도 수도 없이 했었다. 작은 계약들만으로도 수입이 그냥저냥 아쉽지 않으니 그냥 지금처럼만 쭉 일해도 괜찮을 거 같았다. 종일 뛰어다니며 일을 하고 집에 와서 업무영역을 넓히려 또 책상에 앉아 공부를 해야 하는 일상이 참 답답하기도 했다. 첫술에 배부른 행운은 오지 않았고 포기하지 않으니 결국엔 나의 차례가 왔다. 그토록 바라던 첫 건물 매매를 했을 때의 기억을 잊을 수가 없다. 조바심이 나는 초보자분들에게 하고 싶은 이야기가 있다. 내가 목표한 바에 다가가기 위해서 가장 먼저 내가 해야 할 일은, 오늘의 나에게 주어진 일을 착실하게 하는 것이다. 너무 거창하게 생각하지 않고 오늘의 내게 맡겨진 일들을 성실히 수행해 나의 성과를 차곡차곡 쌓아두는 것이 중요하다. 빛나는 성과는 성실한 하루하루들로 이루어진다. 포기하지 않고 문을 두드리면 기회는 반드시 온다. 일을 하면서 거래하는 중개 대상물의 금액대를 차곡차곡 넓혀가면 된다. 물론 이 과정이 생각했던 대로 쉽지는 않을 수 있다. 그래도 꾸준히 일하다 보면 큰 계약이 너무나 쉽게 물 흐르듯 진행되는 선물 같은 하루도 있다. 부디 누가 몇십, 몇백억짜리 계약을 진행해서 중개 보수 얼마를 벌었다더라 하는 등의 말에 일희일비하지 않았으면 좋겠다. 언제까지나 중개 보수가 적은 금액의 물건만을 중개하라는 말이 절대 아니다. 일을 배우는 즐거움을 겪으며 한 단계씩 밟아 올라가면 된다.

07

대체 어디다 차려야 할까

개업을 하기로 마음을 먹었다면 중개사무소 위치를 선정해야 한다. 여기서 많은 사람들이 기존 중개사무소를 인수하는 것과 빈 점포에 들어가서 중개사무소를 창업하는 것을 고민하게 된다. 지역마다 다르지만 기존 중개업소들이 규정을 맺어 신규업소의 진입을 막는 경우도 있다. 특히 명부를 공유하거나 회원제인 곳은 신규업소가 진입하기 힘드니 이 점을 확실히 확인하고 중개 시장에 진입해야 한다. 기존의 중개사무소를 권리금을 주고 인수하는 경우에도 매물과 명단을 어디서부터 어디까지 인수받을 것인지에 대해서 반드시 짚고 넘어가야 한다. 한 자리에서 오래 영업을 한 부동산 사무실은 보유한 매물이 많고 단골손님이 많이 따르는데 물리적인 사무실은 권리금을 받고 넘기더라도 기존 고객들과 매물을 그대로 가져가 인근에 다른 사무실을 차려 그쪽에서 버젓이 장사하는 경우도 많기 때문이다. 실제로 개업 경험이 아예 없는 초보 대표님의 경우 이 부분을 확실히 하지 않아 사무실은 권리양수 받았으나 텅 빈 껍데기만 받아 운영에 힘들어하기도 한다. 나는 정말 아무것도 모르고 개업을 했다. 지금에서는 이런 글을 쓰고 있지만, 되돌아보면 정말 아찔한 순간들이 많았다. 개업을 하고 나서야 회원제와 비회원제가 있다는 걸 알 만큼 무지했다.

중개업에 처음 뛰어드는 초보라면 내 중개사무소의 위치 선정은 나 스스로가 손님이 되는 귀한 경험이기도 하다. 고마운 손님들이 방문하게 될 입지에 대해서도 신중히 생각해야 하는데 사람들이 많이 다니는 곳이라고 해서 무조건 좋은 위치는 아니다. 흐르는 동선의 경우에는 사람이 많이 오고 간다고 해서 실제 부동산 사무실의 손님으로 이어지지 않는 경우가 많다. 입지에 대해서는 상가분석이나 입지분석 책을 찾아보고 공부하는 것도 많은 도움이 된다. 내가 아무리 열심히 한다고 해도 외진 곳이나 사람이 잘 다니지 않는 곳은 살아남기 위해 몇 배의 노력이 필요하다. 거래하는 업종에 따라 다르긴 하지만 권리금을 아끼고 월세를 아껴 그만큼의 광고비를 더 투자해 손님을 끌어 모으자고 생각하기도 하는데 안타깝게도 입지 좋은 사무실에서도 광고비를 투자한다. 만약 두 사무실이 동일한 광고를 진행한다고 하면 당연히 입지 좋은 곳에 더 많은 손님이 몰릴 것이다. 이 세상에서 가장 소중한 나에게 온 정성을 쏟아 중개를 한다고 생각하고 나의 사무실 위치를 신중하게 고르자. 모든 것이 완벽한 사무실은 없다. 어떤 것이 장점이면 반드시 단점도 있는 법이니, 이것저것 잘 비교해 보고 나의 사무실을 찾아보는 것이 좋다. 아는 사람 중에서는 엘리베이터가 없는 4층 건물에서 개업을 한 사람이 있었다. 그곳은 자동차 전시장이 있거나 사람들이 많이 다니는 동선이라기보다는 차량 이동량이 많은 8차선 도로 옆에 있는 사무실이었는데, 실제로 주거용 부동산 중개를 주 종목으로 하시는 분이었기 때문에 그쪽에서의 실무는 참 힘들었다고 한다. 위치가 위치인 만큼 찾아오는 손님 중에서는 굵직굵직한 손님들이 많았지만, 그 손님들의 평균 연령대를 봤을 때 엘리베이터가 없는 건물이라는 점은 너무나 치명적이었다. 부동산도 어찌 보면 사람과 사람이 하는 일이기 때문에 자주 사무실에 커피 마시러 오시고 얼굴 비춰주는 손님들과 유대관계가 생기고, 또 단골이 되어가는 것인데 그런 연세 많으신 손님들과 돈독한 인간관계를 쌓기에는 너무나 고층이었던 것이다. 결국 이 분은 사무실을 정리하고 다른 곳에서 소속 공인중개사로 일하고 있다. 손님이 접근하기 어려운 사무실을 월세가 저렴하다는 이유로 창업하는 것은 다시 한번 생각해 보라고 말하고 싶다.

중개사무소의 위치에 대해서는 간단하게 분류를 할 수 있는데 장단점을 정리해보자.

아파트 단지 안 부동산

아파트 단지 안 부동산은 주 고객이 뚜렷하다. 실제 손님이 어떤 아파트를 거래하기로 마음을 먹었다면 단지 안 부동산을 찾아가는 것이 일반적이고, 기존 아파트를 내놓는 경우에도 단지 안 부동산을 직접 방문하여 물건을 내놓는 경우가 많기 때문에 물건 확보가 가장 용이하다.

경기가 안 좋다고 해도 대단지 아파트는 일정량의 거래가 있다. 상가나 사무실 토지보다는 거래가 꾸준한 편이다. 또한 매매계약을 성사시켰을 때 무조건 이사 갈 곳을 정해야 하기 때문에 신뢰를 쌓는다면 매도자가 살 집을 구해주는 계약을 동시에 할 수도 있다. 하지만 기존 아파트의 경우에는 권리금이 높은 편이고 한곳에서 오래 장사를 한 부동산이 있다면 경쟁에서 밀릴 수가 있다. 그렇다면 신규 아파트의 신규 상가에 들어가서 처음부터 자리를 잡는 것도 생각해 볼 수 있다. 신규 상가이기 때문에 권리금은 없지만 처음 분양권 때와 입주지정 기간을 끝으로 한동안은 수입이 없을 수가 있다. 아파트의 경우에는 입주지정 기간이 있는데 보통 이 입주지정 기간에 입주를 하는 것이 일반적이다. 전세나 월세 같은 주거용 부동산의 임대도 계약기간이 2년이기 때문에 입주마감 뒤에는 매물이 나오는 경우가 극히 드물다. 모든 세대가 동시에 입주하기 때문에 입주지정 기간이 마감된 이후에는 한동안 매물 자체가 없으니 이 점을 꼭 주의해야 한다. 그리고 아파트 단지 내 상가에 일부 업종을 제한하지 않으면 부동산만 잔뜩 나와있는 경우가 있고 그 중에 살아남는 부동산과 폐업하는 부동산이 가려지는 데 시간이 꽤 걸리는 편이다. 입주 지정 기간이 끝난 후 한동안은 거래량이 적어 무척이나 힘들 수 있다는 것을 꼭 기억해야 한다.

로드 부동산

특정한 아파트 단지를 끼고 있지 않는 부동산을 말한다. 원룸 임대만 하는 경우도 있고 상가만 전문적으로 하는 경우도 있다. 상가의 경우에는 팀으로 움직이거나 광고로 손님을 모집하는 경우가 대부분이

므로 2층, 3층에 위치한 경우도 많다. 로드 손님 없이 전적으로 광고에만 의존하는 곳은 위치를 신경 쓰지 않고 개업한다. 상가나 토지만을 전문적으로 중개하는 곳이라면 좋은 상권에 2층, 3층 부동산으로 운영해도 전혀 문제가 없다. 개인적으로 잘 아는 대표님은 땅만 전문적으로 하시는 분인데 지하에 사무실이 위치해있기도 하다. 주로 내가 어떤 업종을 운영하느냐에 따라서 월세가 비교적 비싼 1층으로 갈 것인지 같은 금액으로 좀 더 넓은 평수를 이용할 수 있는 위층으로 갈 것인지 결정하면 된다. 아파트 단지를 끼고 있지 않은 로드 부동산의 경우에는 인근 아파트 거래를 하려면 정말 많은 노력이 필요하다. 나는 길가에 있는 로드 부동산을 운영하고 있는데 주변 아파트 계약을 하기 위해서 정말로 많은 광고비를 쓰고 있다. 광고비는 아끼지 않고 쓰는 편이라 자부할 수 있다. 단지 내에도 적지 않은 부동산 사무실들이 있기 때문이다. 나 또한 이런 유형의 부동산 사무실을 운영하고 있지만 이제 와서 보면 대체 무슨 배짱으로 손님도 물건도 하나 없이 이 자리에 부동산을 차렸나 싶을 때도 있다. 하지만 장점도 있는데, 나는 중개대상물을 가리지 않는 편이라 토지나 타 물권을 다룰 때는 오히려 편할 때도 있다. 출퇴근 동선에 있는 우리 부동산은 아파트 단지 안에 비해서는 정말 다양한 매물이 접수된다. 출퇴근하다가 여기 부동산이 있었네? 라며 먼 지방의 땅이나 카페 매물도 접수되는 경우가 많다. 다만 아파트 단지에는 지정되어 있는 상가 주차장이 있지만 대로변에 있는 경우 손님이 오셨을 때 편하게 주차할 수 있는 주차장을 확보가 필요하다. 정말 귀한 손님이 주차장으로 돌아가는 경우가 발생하지 않도록 인근에 주차장과 계약을 하거나 어느 시간에도 편히 주차할 수 있는 공간을 마련해 놓아야 한다. 우리 사무실 인근에는 주차장이 여러 곳이 있고 주차장이 붐비는 편이 아닌데도 어떤 손님은 주차하기 힘들다며 그냥 가버리시는 분도 일 년에 몇 명씩은 꼭 있다. 주차장이 불편하면 거래 의사를 가지고 오신 귀한 손님을 눈앞에서 놓쳐버리게 된다.

PART 3

개업 후 뭘 해야 하는지 모르는 당신에게

01

처음엔 사무실 자리 찾기조차 쉽지 않다

개업을 하기 위해서 수도 없이 많은 사무실을 보러 다녔다. 낮에는 중개 일을 하고 밤에는 사무실을 보러 다녔다. 주변에 널린 게 빈 상가이고 임대 현수막이 걸린 상가들이 그렇게 많은데도 어째 마음에 쏙 드는 상가가 없었다. 돈이 넉넉했다면 모두 해결될 일이었지만 한정된 예산에 맞추려다 보니 위치가 괜찮으면 주차가 아예 불가능했고, 가격 대비 면적이 괜찮으면 간판을 달 수 있는 위치가 모호했다. 가격과 주차와 위치가 괜찮은 곳은 책상 하나만 겨우 놓을 수 있는 옷 수선집 크기였다. 조금만 살이 쪄도 사무실에서 이동하기가 버거울 것 같은 작은 사무실이었다. 어찌나 많은 사무실을 보았는지 전에 법당으로 사용했던 상가까지 보았다. 많은 사무실을 둘러보면서 몇 번의 위험한 유혹에도 빠질 뻔했다. 번드르르한 인테리어만 보고는 마음이 조급해져서 당장 계약금을 보내고 싶었던 곳도 있었다. 주차도 위치도 별로인 것을 뻔히 알면서도 번쩍거리는 인테리어에 반쯤 홀려 여기로 계약해야겠다고 가족들에게 선언하기도 했다(다행히 조금 뒤에 정신을 차리긴 했다). 수도 없이 많은 사무실을 보고 나서야 내 나름의 기준을 만들 수 있었다. 한정된 예산에서는 모든 걸 완벽하게 충족하는 사무실을 구하는 것은 힘들다는 걸 깨닫는데 참 오래 걸렸다. 그 나름의 기준을 충족하는 사무실이 나타나 몇 번을 계약하려고 했으나, 임대인이 부동산은 안 되겠다 하여 계약을 하지 못하기도 했고, 권리금 협의가 쉽지 않아 포기한 가게도 있었다. 모든 부동산에는 인연이 있다고 하지만 남들은 쉽게 오픈하는 것처럼 보이는 가게 하나도 쉽지 않다는 생각에 침울해하고 있었다. 낮에는 일로 바빴고 저녁에는 생각해야 할 것들이 수십 가지였으나 당장 급한 사무실 위치 하나도 내 마음대로 되지 않음에 지쳐 있었다. 답답한 마음에 머리를 환기시키려 조용한 밤 시간에 무작정 걷고 있었다. 그러다 조금 전에 적어놓은 것 같은 임대 문의 종이 한 장을 발견했다. 혹여나 다른 사람이 볼까 봐 임대 문의가 적힌 종이를 떼어와서는 너무 늦은 시간이라 차마 전화는 걸지 못하고 다음 날이 오기를 뜬눈으로 기다렸다. 그렇게 거주하고 있던 동네의 10평 남짓한 조그마한 1층 사무실 임대를 얻게 되었다. 폐업한 건강식품 판매점이었던 가게를 비싼 권리금을 주고 인수했다. 나중에 들은 이야기로는 그곳은 처음부터 장사가 원활하지 않아 첫 달 월세를 마지막으로 일 년이 넘는 동안 월세를 한 번도 내지 못했다고 한다. 아파트 단지도 끼어있지 않은 위치였고, 오래된 주택들이 밀집되어 있는 곳이었다. 한참을 운영하지 않던 상가에 간판을 뚝딱거리고 인테리어 업자들이 왔다 갔다 하고 있으니 이번엔 저 자리에 무슨 가게가 들어오나 싶어 동네 주민들이 기웃기웃하였다. 부동산이 들어온다는 소문이 돌자 사람들은 '여기에 부동산이?' 하며 신기해하는 동시에 안타까운 눈빛으로 나를 쳐다보곤 했다. 그 자리는 전에 있던 건강식품점, 서점 등 많은 업종의 가게들이 망해서 나간 곳이었다. 10평대의 작은 사무실이었지만 어느 부분도 쉽게 넘어가지 않았다. 남들이 개업하는 것을 볼 때는 정말 쉬워 보였지만 막상 내 일이 되니 단 하나도 쉬운 것이 없었다. 부모님 입장에서는 내가 너무 애처럼 보였는지, 못 미더움에 그 참견은 갈수록 세세해졌다. 가장 대표적인 상호만으로도 몇 날 며칠을 싸웠다. 처음에 '꽃길 부동산'이란 상호를 쓰고 싶었다. 주변의 모든 사람들이 말렸다. 간판을 실측해 주러 온 아저씨도 그렇고 임대 계약서를 쓰러 갔을 때의 건물주분도 나를 말렸다. 다들 급하게 생각나는 명칭을 대면서 "차라리 이건 어때?"라고 서둘러 말하는 모습에 '진짜 그렇게 이상한가' 생각하다가 인테리어나 다른 것들에 대해서 참견하지 않는다는 조건으로 나의 이름을 딴 엠케이 부동산으로 이름 붙이기로 부모님과 합의했다. 나의 부동산 사무실이 위치한 건물은 나와 나이가 동갑인 너무 오래된 건물이었고 물을 사용한 적이 없었기 때문에 배관 설치도 새로 해야 했다. 정화조도 문제였고, 물이 수시로 역류했으며 너무 오래된 건물을 건드리니 공사 중에도 수많은 문제들이 튀어나왔다. 물론 돈이 넉넉했으면 쉬이 해결될 문제들이었지만 한정된 예산 안에서 처리해야 하니 갑자기 발생하는 모든 일들이 시름이며, 걱정거리였다. 권리양도양수 계약을 하면서 비싼 권리금을 주는 조건으로 내부 철거를 깔끔하게 해주기로 했던 전 임차인은 바로 치워주겠다는 말만 남기고는 돈만 받고 가게를 떠났다. 순진했던 나는 빨리 오시라며 직접 배웅까지 나갔는데 그 모습을 마지막으로 영영 다시는 볼 수 없었다. 기존의 셀프 인테리어를 한 가게는 페인트칠부터, 직접 벽에 못을 박아 달아놓은 삐뚤빼뚤한 선반까지 모든 것이 엉망진창이었다. 가구 배치라는 걸 해본 적이 없는 내가 인터넷으로 심혈을 기울여 고민하다 결제한 작고 귀여운 소파는 정말 귀여웠지만 묘하게 불편했다. 미숙하게 하나하나 사모은 가구들과 사무용품들이 나름의 자리를 찾아갔다. 이 작은 사무실 구석구석에 내 손이 닿지 않은 곳은 단 한 곳도 없었다. 모든 것이 간단하게 돈으로 되는 세상이다. 돈이 부족하니 구석구석 몸으로 때워야만 했다. 부모님도 많은 도움을 주셨다. 이렇게 나의 공간에 차츰 정을 붙여가며 어찌어찌 힘들게 개업했다. 간판이 올라가고 난 뒤에는 지나가던 사람들이 사무실에 들어와서 여기 사장님 어디 가셨냐며 앳된 얼굴의 나를 앞에 두고 사장님을 찾아대곤 하였고 그 뒤로는 젊은 여자가 부동산을 한다더라는 소문이 나면서 신기한 듯 사람들이 구경 오기 시작했다. 지도도 없고 조그만 소파 하나 달랑 놓은 사무실이었다. 간판 불 켜고 끄는 것도 익숙하지 않아 늦은 밤까지 간판 불을 끄고 있다가 퇴근하면서 간판 불이 여태까지 꺼져있음을 발견한 날도 많았다. 정말 제대로 왕초보였던 나는 마음의 준비도 안 된 상태로 사무실에 앉아있다가 어쩌다 손님이 들어오면 깜짝 놀라 소리를 지른 적도 몇 번이나 있었다. 그렇게 하나도 준비되지 않은 상태로 사무실에 찾아오신 나이 지긋한 어르신에게 도로에 접해있지 않아 팔기 곤란한 땅을 첫 번째로 접수받았다(그 매물은 아직까지도 거래가 되지 않았다). 매물을 접수하는 양식이나 매물장 같은 게 당연히 있을 리 없었던 나는 사무실 배치를 끄적거리던 노트에 어르신이 불러주는 내용들을 적어 내려갔고 그렇게 그 노트가 내 첫 매물장이 되었다. 대부분 나에게 접수되는 매물들은 동네 부동산 모든 곳에 내놓았지만 가격이 비교적 높거나, 경쟁력이 없어 몇 년 동안 거래가 성사되지 않던 매물이었다. 사무실만 갖추어 놓으면 손님이 올 거라 생각했던 나의 맹랑한 생각과는 다르게 이제부터가 진짜 시작이었다. 손님들이 나의 사무실 오픈을 기다렸다가 매물을 들고 찾아올 리 없었다. 막상 개업하고 나니 머리를 싸맸던 인테리어 기간이 제일 행복했던 때라는 걸 깨달았다. 이제부터가 진짜 시작이다.

무척이나 더운 여름밤에 아이스커피를 가득 타서 여름밤 냄새를 맡으며 밤늦게까지 조바심을 내며 준비했던 것 같다. 그렇게 나의 온 시간과 온 마음을 퍼부어도 어찌나 매 순간 걱정이 되고 부족한 점이 많이 보이는지, 뒤돌아서면 아쉬운 점들이 눈에 띄었다. 사무실을 갖춰놓고 나니 그 네모난 공간에서 뭘 해야 할지 모르겠는 매너리즘에 빠졌다. 당연하게도 손님은 오지 않았고 물건도 없었다. 출근길과 퇴근길에 '매물 접수'라는 전단지와 명함을 열심히 돌리고 다녔고 그렇게 접수한 몇 개 물건만 덩그러니 있는 상황이었다. 사업자 등록을 하고 포털사이트에 업체 등록을 하면 광고 전화가 엄청나게 들어오는데, 그렇게 들어오는 광고 전화가 하루 통화량의 전부였다. 그렇게 컴퓨터 한 대를 앞에 두고 하염없이 '멍때리고' 있는 상황에서 어찌어찌 워킹 손님이 들어와서 3일 만에 첫 계약을 했다. 나에게 첫 손님이 되어준 손님은 이런 곳에 부동산 사무실이 생겼다고 신기해하며 퇴근길에 들렀다가 마음에 드는 매물을 만나 계약을 하고 가셨다. 첫 계약은 작은 임대차 계약이었는데 우리 사무실 매물장에 접수된 몇 개밖에 없는 물건을 손님께 보여드렸는데도 감사하게도 마음에 들어 하시며 계약을 해주었다. 지금 생각해 보면 한참 기죽어 있던 나에게 정말 선물 같은 일이였다. 첫 계약 때도 계약서를 출력하고 나니 스테이플러가 없어서 임대인과 임차인은 소파에 앉혀두고 편의점에서 스테이플러를 사러 달려갔다 온 기억이 난다. 그 뒤로도 아주 부족한 점이 많았다. 어찌어찌 운이 좋아 첫 계약을 했지만 이렇게 매물도 손님도 없이 가만히 있을 수는 없었다. 중개 실무에 대한 현존하는 책은 모두 사서 보았지만 그 어디에도 매물도 손님도 없는 상황에서 어떻게 해야 하는지에 대한 내용은 찾아볼 수 없었다. 개업하고 손님이 오면 성실 중개하기 등등의 내용은 있었지만 어떻게 손님이 오는지, 지금 당장 어떤 식으로 매물을 확보해야 하는지에 대해서는 크게 와닿지 않는 내용뿐이었다. 광고를 해야 손님이 올 텐데 지금 당장 매물이 없으니 광고를 할 수도 없었다. 그래서 나는 매물을 찾으러 다니기 시작했다.

02

매물을 찾으러 다니다

우리는 매물장에 접수되어 있는 매물의 거래를 성사시키기 위해서 수많은 고민을 한다. 해당 중개 대상물이 좀 더 많은 손님들에게 노출될 수 있는 루트와 방법에 대해 생각한다. 대부분의 사람들은 광고의 방법과 적합성에 대해서 많은 고민을 하는 반면, 매물 접수를 위해서는 그만큼의 정성은 쏟지 않는 것 같다. 가만히 앉아서 감나무에 감이 떨어지는 것을 기다리듯이 사무실에 좋은 매물이 접수되기만을 기다리는 경우가 많다. 나는 매물 접수에 대해서도 매물을 내놓는 것과 같은 정성을 쏟아야 한다고 생각한다. 아무리 매수 의향이 높은 손님이 있다고 해도 적합한 물건이 없다면 손님을 놓칠 수밖에 없다. 사무실 개업 초반에는 보유한 매물이 적기 때문에 광고 진행도 한정적이고 손님들께 적합한 매물을 소개하는 것도 어려운 것이 사실이다. 내가 사무실 개업 초반에 매물을 확보했던 방법에 관해서 이야기해 보려 한다.

발품

우리 동네는 오래된 주택들이 밀집되어 있는 동네로 전봇대에 써 붙여 놓은 종이를 보고 매도인(임대인) 매수인(임차인) 직거래를 하는 경우가 많았다. 전봇대마다 손으로 써서 붙인 종이들로 빼곡했다. 나는 출퇴근길에는 전단지를 들고 다니면서 매물을 구한다는 내용의 전단지를 열심히 배포하고 다녔고 시간이 날 때마다 전단지가 잔뜩 붙어있는 전봇대 사진을 찍어와 일일이 전화를 돌리며 부동산 중개 거래가 가능한지 여쭈어보곤 했다. 우리 동네는 부동산을 통한 중개거래가 익숙하지 않아서 대부분의 손님들은 중개 보수가 나가는 중개 거래가 불가능하다고 했고 그중에 간혹 어떤 매물들은 부동산에서 손님을 안내해도 된다고 해주셨다. 그런 소중하고 감사한 매물들을 매물장에 차곡히 정리해놓았다. 중개 거래가 안 된다고 했던 매물들도 며칠 뒤에 슬그머니 다시 전화해 보곤 했다. 오래된 주택이나 토지 빌라같은 매물들은 이렇게 확보할 수 있었다. 이런 식으로 확보한 매물들은 꼭 미리 방문해서 상태 확인이 필요했다. 임대인의 설명으로는 전체 수리를 다 해놓은 깔끔한 집이라고 전달받았는데 막상 가보니 노후된 수도꼭지와 방충망 등 소모품만 교체가 되어있고 연식이 오래된 옛날식 화장실과 싱크대와 나무 창틀 등이 그대로인 집들도 참 많았다. 평형대와 내부 구조가 거의 비슷한 아파트와 달리 주택은 방향도 위치도 구조도 제각각이다. 물건을 내놓은 임대인마다 본인의 집 상태에 대한 이해도가 천차만별이기 때문에 손님의 말만 듣고 안내를 했다가 전혀 다른 내부 상태에 당황한 적도 참 많았다.

지역 카페나 밴드

지역 카페나 밴드를 검색해 보면 모 아파트의 입주민들이 모여서 의견을 공유하는 카페나 그 지역을 대표하는 카페가 있다. 꼭 부동산에 관한 카페가 아니더라도 지역 정보를 공유하는 카페나, 맘 카페, 해당 지역 맛집 카페라도 모두 가입하는 것이 좋다. 조금만 훑어봐도 지역 사정에 대해 알 수 있다. 이 지역에서는 연령대별로 어느 동네를 더 선호하는지, 요즘 사람들이 선호하는 구조나 타입 등, 각종 유행에 대한 정보를 얻을 수 있다. 요즘 인기 있는 인테리어 디자인에 대한 정보도 쏠쏠하다. 이런 귀한 정보들은 부동산을 거래하는 데 요긴하게 도움이 된다. 마침 인근에 새로 생기는 아파트가 있다면 지역 사람들의 기대감이나 반응 또한 쉽게 접할 수 있다. 해당 카페나 밴드에 광고나 홍보를 할 수 있는 곳이 있다면 매물 구한다는 광고를 올려서 매물을 접수받을 수도 있다. 운이 좋으면 매물을 가지고 있는 곳의 정보를 구하거나 매물을 구하는 사람도 만날 수 있다. 우리 지역에서 가장 활성화되어있는 부동산 카페에서는 부동산 매물을 팔고 구하는 홍보할 수 있는 공간이 있어서 매물 확보도 하고 매물을 구한다는 게시글을 주기적으로 올리고 있다. 해당 지역의 부동산에 관심 있는 사람들이 모여있는 카페이니만큼 홍보 효과도 확실하다. 하지만 어디까지나 지역주민들이 모여서 의견을 공유하는 카페이니, 과도한 광고나 홍보로 사람들의 눈살을 찌푸리게 하는 행위는 하지 않는 것이 좋다. 오히려 눈엣가시가 되어 미움을 받을 수 있기 때문이다.

개인 블로그

나는 개인 블로그로 매물을 접수하는 경우가 많다. 주기적으로 인근 지역과 매물에 대한 포스팅을 올리는 것이 좋다. 꼭 매물을 구한다는 게시글을 올리지 않더라도 손님들이 해당 부동산을 인터넷으로 검색하는 과정에서 내 블로그에 올려져 있는 광고를 보고는 "나도 저렇게 광고 올려주세요"라는 식으로 연락 오는 경우도 종종 있다. 이렇게 접수한 광고들은 동네 시세를 이미 알아보고 접수한 매물로 좀 더 현실적인 가격으로 매물을 내놓으시는 분들이 많기 때문에 거래에 좀 더 효과적이다. 또한 요즘은 손님들도 간단한 검색으로 실거래가에 대한 정보를 알 수 있기 때문에 최대한 많은 정보가 인터넷에 노출되는 편이 좋다. 다만 요즘은 중개 대상물의 표시광고제로 인해 광고에 특히나 많은 주의를 기울여야 한다. 표시광고제에 반드시 표기해야 하는 사항을 누락하거나 거래 완료가 된 게시물을 삭제하지 않으면 최고 500만 원까지 과태료를 낼 수 있기 때문이다. 일전에는 거래가 완료된 부동산이라고 하더라도 게시물에 '거래 완료' 표시만 해놓으며 두고두고 손님들에게 노출될 수 있는 귀중한 자료로 사용되기도 하였다. 하지만 요즘은 거래 완료가 된 부동산은 바로바로 삭제하거나 비공개로 돌려놓아야 하므로 사람들에게 자주 노출되려면 더욱더 부지런히 블로그에 게시글을 올려야 한다. 블로그 포스팅을 하는데 걸리는 시간은 적지 않기 때문에 꾸준하게 블로그로 매물 포스팅을 하는 일은 결코 쉬운 일은 아니다.

아파트 단지에 전단 작업하기

오래된 주택, 빌라 같은 매물은 전단지에 붙어있는 홍보물을 찾아다니며 매물을 모을 수 있었으나 아파트 매물이 전단지에 나와 있는 경우는 거의 없었다. 어떻게 하면 아파트 매물을 확보할 수 있을까 고민하다 해당 아파트 단지에 직접 전단지를 돌리는 방법을 생각했다. 아파트 전 세대에 전단지를 돌리고 사무실에 출근을 하면 매물을 내놓는다는 전화가 쏟아지겠지, 하는 순진한 생각에 얼마나 두근거렸는지 모른다. 쏟아지는 전화를 기대하며 예쁜 전단지를 제작했고 편안한 운동화와 캐주얼 차림까지 만반의 준비를 다 했던 터였다. 가만히 있어도 땀이 흐르는 더운 여름이었기 때문에 전단지를 돌리고 갈아입을 출근복도 챙겼다. 인터넷으로 찾아보니 전단지는 엘리베이터를 타고 맨 꼭대기 층으로 올라가서 계단을 내려가면서 돌리는 것이 가장 편한 방법이라고 했다. 이렇게 열심히 준비를 했는데 시작도 전에 첫 번째 문제에 부딪혔다. 계단식 아파트에는 출입구가 한 곳이니 사람들이 수도 없이 들락거릴 거라 생각했었다. 누가 나오면 들어가면 되지, 하고 아주 간단하게 생각했지만 이른 아침이었기 때문에 그 누구도 나오지 않았다. 철저했던 준비가 무색하게도 공동현관에 들어갈 수조차 없었다. 전단지를 모두 돌리고 출근 시간에 맞춰 출근하려고 했던 나의 계획은 처음부터 어긋나기 시작했다. 긴 기다림 끝에 누군가가 나왔고 이때다 싶어 기쁘게 들어갔다. 두근거리는 마음을 안고서 엘리베이터를 타고 올라가서 전단지를 각 호수에 붙이기 시작했다. 발이 편한 운동화에 활동이 편리한 옷을 챙겨 입었음에도 불구하고 숨이 턱턱 막히는 날씨에 계단을 내려가는 것도 쉽지만은 않았다. 몸에서 땀이 구슬처럼 떨어졌다. 겨우 계단식 아파트의 한 라인을 돌리고는 턱 끝까지 차오르는 숨에 헉헉거리며 또 다른 공동현관 앞에서 누군가가 나오기만을 기다리고 있었다. 또 한참을 기다린 끝에 엘리베이터를 타고 가장 높은 층까지 올라가서 다시 전단지를 열심히 붙이려는 찰나에 마침 문이 열렸다. 나를 위아래로 훑어보며 왜 남의 집 문에 이런 걸 붙여 놓느냐고, 신고하겠다며 호통치는 말에 간이 콩알만 해졌다. 전혀 예상하지 못한 상황에 내 머릿속은 혼돈으로 지진이 일어나기 시작했고 죄송하다는 말만 거듭하고 도망치듯 나는 다시 엘리베이터를 타고 내려왔다. 간이 이토록 작은 나는 놀란 가슴을 진정시키고는 가방에 가득 챙겨놓은 전단지를 들고는 무거운 발걸음으로 사무실로 향했다. 신고하겠다는 이야기에 놀라기도 했지만 나를 위아래로 쳐다보던 매서운 눈동자가 생각나 더 이상 전단지를 돌리는 것이 무서워졌다. 세상에 참 쉬운 일이 하나도 없었다. 나중에서야 안 사실이지만 아파트에 전단지를 붙이는 작업은 원칙적으로 불법이다. 보통 아파트에 홍보물을 부착하려면 관리사무실에서 확인 도장을 받은 전단만 붙이는 게 가능하다. 불법의 문제가 아니라고 하더라도 기존 부동산들이 항의를 할 수도 있다. 연식이 오래된 아파트 같은 경우는 문에다 직접 테이프를 붙이면 페인트칠이 벗겨지는 경우도 종종 있기 때문에 손잡이에 붙이거나 도장 면이 날아가지 않도록 거듭 조심하여야 한다. 우리 사무실에는 그 전단지가 아직도 박스째 남아있다. 동네 특성에 따라서 다를 수 있으니 잘 알아보고 진행하는 것을 추천한다.

현수막

현수막 또한 지정되지 않은 곳에 붙이는 것은 불법이다. 현수막을 붙일 수 있는 곳은 원칙적으로 정해져있으며 일정 기간 동안 일정 비용을 내고 현수막을 걸 수 있다. 하지만 주변을 둘러보면 정식 위치보다는 불법 현수막이 훨씬 많은 것이 사실이다. 하지만 간이 워낙 작은 나는 상가나 건물주인의 동의를 받아서 해당 건물에 붙이는 것이 내가 하는 현수막 작업의 전부이다. 좀 더 공격적이고 적극적으로 진행할 수도 있지만 굳이 불법적이거나 사람들의 원성을 사는 일을 하고 싶지는 않다. 나는 너무 위험하거나 개인이 작업하기 힘든 대형 현수막이 아닌 이상 모두 내가 직접 현수막을 붙인다. 현수막을 붙이기 위해서는 먼저 가게 전면의 유리를 깨끗이 닦아내야 한다. 먼지가 많은 곳에 현수막을 붙이면 접착이 잘 되지 않기도 하고, 부동산 사무실을 표시하는 현수막을 뿌연 유리보다는 깔끔하고 빤짝거리는 곳에 붙이는 것이 기분이 좋기 때문이다. 젖은 걸레나 물티슈로 가게 전면을 깨끗이 닦아내고 마른 수건으로 한 번 더 닦아야만 유리에 얼룩이 남지 않는다. 사람들이 많이 지나갈 때 현수막을 들고 창문의 유리를 닦는 것은 용기가 필요한 일이다. 초보 때는 사람들의 시선이 부끄러워서 아침 일찍 또는 저녁 늦게 살금살금 현수막을 붙이고 다니곤 했었다. 하지만 이제는 일부러 사람들이 가장 많이 다니는 출퇴근 시간을 선택해서 현수막 작업을 한다. 우리 사무실은 회사 앞에 있어 출퇴근 시간이 일정하게 정해져 있는데, 가게 앞에서 한참을 유리를 닦고 현수막을 이리저리 붙이고 있으면 사람들이 한 번이라도 쳐다보기 때문이고 "여기 점포가 나왔어요?", "얼마에 나왔어요?"라는 등 손님들의 관심을 받을 수 있기 때문이다. 지나가는 사람들이 눈여겨보고는 어디 가게가 나왔던 데라며 손님들끼리 말을 전하기도 한다. 부동산은 모든 것이 홍보이고 광고다. 그 사실을 잘 알기 때문에 나는 요즘도 부끄러움을 무릅쓰고 사람들이 가장 많이 다니는 시간에 현수막을 붙인다.

DM 발송

많은 중개 실무에 관련된 서적에서 DM(Direct Mail, 부동산 소유자들에게 직접 우편물을 보내는 것) 발송에 대한 내용이 적혀져 있었다. 발송하는 방법은 해당 주소지의 공부를 조회해서 대장 상 명의인 주소지로 보내는 것이다. 토지는 토지대장을 확인하여 토지대장 상의 주소로, 건축물은 건축물대장을 조회하여 건축물대장 상의 주소로 우편을 보낸다. 대장 상의 주소는 해당 부동산을 취득할 때의 주소이기 때문에 현재 주소와 다를 수 있다. 아파트의 경우에는 모든 호수에 편지를 보내는 방법도 있으며, 무작위로 보내는 것이니만큼 답변은 오지 않는 경우가 더 많다. 답변을 보내는 것도 보내지 않는 것도 주인 마음이기 때문이다. 그래도 받고 나서 해당 부동산의 시세를 물어보거나 부동산에 대한 궁금한 것을 물어보려 연락이 올 수도 있다. 이렇게 회신이 오게 되면 해당 부동산의 소유자 연락처를 획득할 수도 있다. 하지만 일부 사람들은 개인정보를 확인했다는 사실을 불쾌해할 수도 있고, 각종 공부(등기사항 증명서, 건축물대장, 토지대장)에 이름과 주소지가 오픈되어 있다는 사실을 모르는 사람들의 입장에서는 어떻게 해서 내 주소와 인적 사항을 알게 된 거냐며 개인정보에 대한 논쟁에 휘말릴 수도 있으니 나는 DM 발송은 매우 조심스럽게 하는 편이다.

주변인의 소개

가장 효율적인 방법이라고 생각한다. 한 번 매물이 들어오기 시작하면 꼬리에 꼬리를 물고 들어온다. 앞에 설명했던 다른 방법과는 비교가 되지 않을 만큼 효과가 좋기도 하다. 하지만 문제는 사무실을 갓 개업한 초보들은 처음부터 소개받을 인맥이 없다는 것이다. 조급해하지 말고 처음부터 차근차근 시작하면서 단골을 만들어야 한다. 주변의 소개로 매물을 확보하는 방법은 단기간에 될 수 있는 것이 아니라 성실하게 일을 하면 자연스럽게 생겨나는 것이다. 나는 이 방법으로 효과를 톡톡히 보고 있다. 근래에는 많이 바빠서 어떤 매물 접수 광고도 진행하지 못하고 있지만 사람들의 소개로 신규 매물은 꾸준히 들어온다. 기존 손님들이 새로운 손님을 데리고 오는 효과는 정말로 엄청난데, 보통 부동산이라고 하면 이 부동산이 나한테 가격을 덤터기 씌우거나 하지는 않을까 하지만 지인의 소개라고 하면 다른 곳에 가지 않고 나를 전적으로 믿고 거래해주시는 분들이 대부분이다. 이런 손님들은 인근 부동산에는 물건을 내놓지 않고 나에게만 물건을 내놓는 경우가 많기 때문에 정성을 다하는 것이 좋다. 전속으로 매물을 주시는 분들에게 신의를 지켜서 일을 해나가면 어느새 충성 고객이 되어 있다.

03

목표를 정하자

사무실에 종일 앉아있는 것은 너무나 따분하고 지겨운 일이었다. 작은 사무실에 갇혀서 언제 올지 모르는 손님들을 기다리고 있을 때는 마치 시간이 멈춰있는 것 같다. 어느 날 오전에는 손님이 와서 기분이 들떠있다가 오후에는 사람 그림자도 비추지 않아 속이 상했다. 책상에 앉아 오매불망 손님만 기다리면서 열리지 않는 문만 바라보고 있자니 나의 감정과 기분은 그날 손님이 얼마나 오느냐에 따라서 왔다 갔다를 반복했다. 손님이 있을 때는 신이 나서 안내를 하다가 손님이 없을 때는 정말 이대로 괜찮은가부터 시작해서 소속 공인중개사 때의 수입도 나쁘지는 않았는데 괜히 부동산 사무실을 덜컥 차린 것이 아닌가 하며 끝이 없는 잡념과 고뇌가 머리를 가득 채웠다. 하루하루가 다르게 자신감은 떨어졌고 일단 부딪혀보자고 큰소리치던 나는 날이 갈수록 점차 위축되어갔다. 나의 정신건강을 위해서라도 지금 당장 해야 할 일을 찾아야만 했다. 바닥으로 꺼져가는 자신감을 위해서 몸을 움직일 필요가 있었다. 동네 전봇대를 돌아다니면서 물건을 하나둘씩 모으고 전화를 돌려가며 혼자만 바쁜 하루하루를 보냈다. 매일 출근해서 퇴근 때까지 열심히 매물을 찾으러 돌아다녔고 그 물건을 정리하다 보니 퇴근할 시간이 조금씩 늦어지기 시작했다. 더 이상 무기력해지지 않기 위해 나름의 목표를 만들었다. 내가 오늘 해야 할 리스트와 내가 이번 주까지 해야 하는 일, 그리고 매월 해야 할 일들과 할 수 있을 만한 일들로 나의 목표를 세워놓고 하나둘씩 실행해나가기 시작했다. 오늘은 새로운 물건을 몇 개를 더 찾아내고 이번 주에는 몇 개의 광고를 더 올리는 것을 목표로 했다. 다만 목표를 정하는 것을 한 달에 버는 금액이나 계약의 수로 놓지는 않았다. 돈을 목표로 잡으면 더 많은 조바심과 스트레스를 받을 거 같았기 때문이다. 언제 올지 모를 손님의 수와 성사될지 모를 계약의 수를 목표로 정하기보다 내가 당장 할 수 있는 일들로 목표치를 정했다. 그렇게 하지 않으면 지쳐서 그만둬버릴 것 같았다. 언젠가부터 나의 기분을 좌우하는 것은 언제 올지 모르는 손님이 아니라 내가 정한 오늘의 목표를 성실히 잘 수행했냐가 되었다. 당장 할 일이 생기니 손님이 오지 않아도 더 이상 초조하거나 걱정되지 않았다. 오늘 손님이 없으면 더 좋은 물건을 확보해서 손님이 오셨을 때 만반의 준비를 마친 채로 짠하고 꺼내놓으면 되는 것이었다. 지금도 그렇지만 나는 목표를 세우는 것을 아주 중요하게 생각한다. 스스로 지킬 수 있는 목표를 세우고 그것을 완성하다 보면 자존감도 높아지고 스스로가 가치 있는 사람이 된 것 같은 기분이 든다. 매일매일이 만족스럽지는 못했지만 그래도 꾸준하고 성실하게 하루하루를 채워나갔다. 나의 개업 초기 하루하루는 첫술에 배부를 수 없는 것을 인정하는 과정이었다. 목표에 대해서 이야기하면 많은 사람들이 금액에 대해서 이야기한다. 돈을 버는 것은 당연히 중요하지만 초보일 때는 그것보다 중요한 것이 있다. 내가 나를 신뢰하고 앞으로 잘해나갈 수 있다는 자신감을 쌓아놓는 것이 가장 중요하다. 상담 오는 사람들에게 목표가 어떻게 되느냐고 물어보면 중개 시장에 들어오지 않은 사람들은 "저는 공장만 전문으로 할 거니까 월 2, 3천이요!"와 같은 이야기를 한다. 아무것도 모르는 초보자가 부르기에는 현실감 없는 금액이다. 오히려 현직에서 일하고 있는 실무자들이 훨씬 타당한 금액을 말하는 것 같다. 나는 지금도 하루의 목표, 일주일의 목표, 한 달의 목표를 세워놓는데, 목표의 기준을 절대 돈으로는 잡지 않는다. 내가 아무리 열심히 일한다고 해도 계약이라는 것은 운이 따라주어야 할 때가 많다. 내가 정말 온 열정과 성의를 가지고 안내를 하고 브리핑을 해도 계약으로 이어지지 않는 경우가 있는 반면에 '이렇게 쉽게 계약이 된다고?' 하는 경우도 있기 때문이다. 잔금일이 일정하지 않은 부동산 특성상 어떤 달은 많은 계약을 했다고 해도 현금 수입이 많지 않은 달이 있고 어떤 달은 계약의 수는 많지 않지만 도래하는 잔금들이 많아서 통장이 넉넉한 달도 있기 때문에 매달 들어오는 금액이나 계약의 수를 목표로 정하는 것은 안 그래도 힘든 스스로에게 가혹한 채찍질일 수도 있다. 이렇게 목표를 세워두는 것은 오늘 하루를 보람 있게 채워나가는 것에도 큰 도움이 된다. 훌륭한 성과는 성실히 살아온 하루하루의 결과이다. 나는 오늘도 오늘 하루를 얼마나 꽉 채워서 살 것인지를 생각한다.

목표에 대해서 이야기하였으니 목표를 이루는 과정에 대해서도 한 번 이야기를 해보고 싶다. 부동산 중개업계에 들어오는 많은 분들이 “한 달에 한두 건만, 쉬엄쉬엄 한두 건만” 이런 이야기들을 많이들 한다. 나는 이렇게 말하는 사람들에게 조금 다시 생각해 보라고 말하고 싶다. 다른 사람의 인생은 어떤지 모르겠다. 다만 나의 인생은 내가 이 정도면 100이겠지 하며 노력하고, 또 노력한 후 막상 결과를 보면 내가 이룬 성취는 겨우 50에서 60뿐이었다. 50, 60 정도만 하면 되니까 하고 나름의 적당한 노력을 하고 나면 결과는 10에서 20만 나오곤 했다. 그래서 언제부턴가 나는 100을 위해서 200을 노력하게 되었고, 50를 위해서는 100만큼 노력하게 되었다. 그렇게 노력하고 준비하다 보니 예상치도 못하게 생각보다 더 좋은 결과들이 나오게 되었다. 월세만 내면 될 만큼이라고 생각하면 월세도 못 내게 되는 경우가 많다. 그냥 앉아 있다가 운이 좋게 손님이 와서 안내하고 그러다 보면 계약하는 것이고 아니면 어쩔 수 없다는 생각을 조금 달리했으면 좋겠다. 당신이 그러고 있을 때 누군가는 만반의 준비를 마치고 100을 성취하게 위해 200의 노력을 쏟아붓고 있다. 애초에 월세만 내기 위해 사무실에 앉아있는 사람과 100을 성취하기 위해 200을 노력하는 사람과 비교가 되지 않는다. 조그만 목표를 세워보자. 작은 목표의 성취는 손님이 없고 매출이 나오지 않는 상황에서 무너지지 않고 나를 지지해 주는 힘이 된다. 작은 일에 일희일비하지 않는 흔들림 없는 기둥이 된다. 그렇게 스스로에게 미션을 주자. 무기력한 몸을 일으켜 움직이게 해줄 것이고, 나의 일에 대한 긴장을 당겨줄 것이다.

04

당신이 지금 해야 할 것은 중개보다는 컴퓨터

많은 초보들이 부동산 사무실을 오픈하고는 손님 앞에서 멋지게 브리핑을 하고 있는 자신의 모습을 상상한다. 그러나 안타깝게도 부동산 사무실을 차렸다고 해서 나의 브리핑을 듣고 싶어 하는 손님이 줄서서 기다리고 있지 않는다. 공인중개사 관련 블로그와 유튜브를 운영하고 있는 나에게 꾸준히 들어오는 질문 중 하나가 개업하고 나서 손님도 없고 할 일도 없는데 무엇을 해야 할지 모르겠다는 질문이다. 그럴 때 나는 한결같이 이렇게 답변한다. 중개업에 뛰어든 초보가 지금 당장 해야 할 것은 중개보다는 컴퓨터라고. 나는 컴퓨터의 중요성에 대해서는 특히 강조하고 싶다. 요즘 중개 시장에서는 수많은 광고 매체들이 있다. 수도 없이 많은 매체들이 반짝하고 나타났다가 흔적도 없이 사라져간다. 아직도 부동산에서는 일간지를 통한 광고를 진행하기도 하지만 그래도 가장 주를 이루는 것은 인터넷을 통한 광고다. 요즘은 나이가 지긋한 어르신들도 블로그나 유튜브를 보고는 전화를 주시는 경우가 많다. 간단한 검색 몇 번으로 정보가 줄줄이 쏟아지는 시대이다. 한동안 중개 대상물을 홍보하는 방법으로 블로그가 성행했다가 지금은 그 축이 블로그에서 유튜브로 넘어가고 있다. 이렇게 인터넷을 통한 매물 홍보가 활발한 상황에서 컴퓨터를 못하는 것은 치명적인 단점이 된다. 기계를 잘 못 다룬다거나, 나이가 많아서 새로운 것을 배우는 것은 어렵다는 말로 가볍게 넘길 수 있는 일이 아니다. 그만큼 부동산에서는 광고가 절대적이기 때문이다. 이렇게 인터넷으로 차지하는 광고 비중이 절대적으로 높기 때문에 컴퓨터 활용 능력은 무조건 필수적이다. 다행히도 중개업에서 필요한 컴퓨터 활용능력이라는 것은 아주 넓은 범위는 아니어서 필요한 부분만 뽑아서 공부하는 것이 가능하다. 나 또한 중개업에서는 젊은 나이라는 게 무색하게 엄청난 기계치라서 블로그도 매일 하는 것만 하는 편이고, 지금 하고 있는 중개 관련 유튜브도 영상 하나를 만드는 데 얼마나 많은 시간을 매달려서 쩔쩔매고 있는지 모른다. 이 시대의 중개 시장에서 컴퓨터에 대한 능력은 아주 기본 중의 기본이 되었다고 본다. 부동산 사무실 전면에 붙여놓을 전단 매물의 인쇄조차도 컴퓨터로 하는 것이 일반적이다. 계약서 작성 또한 예전처럼 수기로 적는 것보다는 공인중개사 협회에서 제공하는 계약서 작성 프로그램을 사용하여 컴퓨터로 쓰는 것이 대부분이기 때문에 컴퓨터를 배우는 것은 필수적이다. 나는 업무에서 컴퓨터의 중요성을 여러 번 강조하고 싶다. 잘 알고 지내던 대표님은 얼마 전까지 계약서를 수기로 적곤 했다. 대기업에서 정년퇴직을 하고도 부동산을 십수 년 했으니 연세가 아주 많다. 항상 계약서를 멋진 필체로 한 자 한 자 직접 적으셨는데, 수기로 적는 계약서는 뒷장이 먹지로 되어있어서 여러 겹의 종이를 겹쳐놓고 글씨를 꾹꾹 눌러 적으면 뒷장에 글씨가 같이 묻어 나온다. 개인적으로 친한 대표님이기에 수기 계약서로 계약 진행을 몇 번이나 같이 했었다. 한번은 매도인 매수인들이 모두 모여서 계약서를 적어 내려가고 있는 공인중개사의 손만 쳐다보다가 거의 마지막 인적 사항에서 삐끗하는 바람에 오타가 생겨 모두가 동시에 안타까운 마음에 탄식을 내뱉은 적도 있다. 계약서는 정해진 양식은 없지만 그래도 큰돈이 오가는 문서이니만큼 전문적인 것이 좋다. 나는 연세가 있는 어르신이라도 부동산을 시작하기로 마음먹었다면 컴퓨터를 꼭 공부하라고 말씀드리고 싶다. 젊은 사람보다 감이 떨어지고 늦을 수는 있지만 그래도 부동산 중개업에 들어온 이상 컴퓨터만은 다른 것으로 대체할 수 없다. 요즘은 문화센터의 컴퓨터 강좌도 참 잘되어 있다. 낮에 일정 시간을 비워 학원을 다니기 힘든 상황이라면 유튜브만 찾아보아도 정말 다양한 강의가 쏟아져 나온다. 중개업에 들어오기 전에 컴퓨터에 대한 지식은 어느 정도 갖추고 시작하는 것을 추천한다. 먼 곳에 임장을 갔다가 어렵게 찍어온 현장 사진이 날씨 탓에 흐리거나 어둡게 나오는 경우에는 약간의 보정을 거쳐주어야 한다. 또한 요즘은 개인정보 보호 탓에 같이 촬영된 차 번호를 지워야 하고, 어쩌다 사진에 사람이 나온 경우는 초상권이 문제 될 수 있기 때문에 반드시 모자이크 처리를 해야 한다. 대체할 수 있는 사진이 있다면 상관없으나 먼 곳의 귀한 자료라 대체할 수 없는 경우라면 어떻게든 밝기를 보정하고 차 번호와 사람을 지워서라도 사용해야 하기 때문이다. 요즘은 아무리 기계치라도 손쉽게 사용할 수 있는 사진 보정 프로그램이나 앱들도 많이 나와 있으니 막막하다고 포기하지 말고 꼭 컴퓨터에 대한 기술을 쌓기를 바란다. 보통 공인중개사들이 지식을 갖춰야 하는 프로그램으로는 엑셀, 사진 보정 프로그램, 영상 편집 프로그램이 있다.

05

뭘 해야 할지 모르겠다면 매물장이라도 노려보라

많은 사람들이 할 게 없다는 이야기를 많이 한다. 가장 빈번하게 듣는 이야기다. 손님은 없고 뭘 해야 하는지 모르겠다고 한다. 혹시나 손님이 오지 않을까 해서 무작정 기다리는 것도 하루 이틀이다. 나도 대부분의 시간을 정신없이 보내는 편이지만 급작스러운 폭우가 쏟아져 내리거나 날씨가 궂은 날에는 미리 잡혀있는 예약들이 줄줄이 취소되기도 한다(최근에 코로나 이슈로 자가격리 통보를 받거나, 검사 결과를 기다린다고 예약이 줄줄이 취소된 적이 많다). 많은 사람들이 뭘 해야 할지 모르겠다고 할 때 나는 매물장이라도 노려보라고 한다. 세상에는 정말 다양한 부동산이 있다. 맹지로 모양이 예쁘지 않아 이게 과연 팔릴까, 하는 땅이 있기도 하고 손님들이 광고를 보고는 이걸 돈 주고 팔려고 내놨냐는 말을 듣게 하는 희한한 땅도 있다. 내가 부동산을 하면서 느낀 점은 세상의 모든 부동산은 저마다의 쓸모가 있다. 당연히 그냥 딱 봐도 좋은 매물도 있다. 그건 누가 봐도 좋은 매물이다. 이런 좋은 매물은 경쟁이 치열하다. 사람의 눈은 대체로 비슷해서 약간의 취향을 탈 수는 있지만 누가 봐도 좋은 매물은 누구에게나 인기가 많다. 이런 인기 많은 매물은 논외로 치고 어떤 매물이든지 접수되면 요것조것 잘 뜯어봐야 한다. 매물 분석이라는 걸 다각도에서 해야 한다. 이 못난이 부동산을 어떤 용도로 광고하고 홍보해야 누군가에게 사랑받을 수 있는 부동산이 될 것인지 고민해 봐야 한다. 다만 이것은 내가 순수하게 머리를 싸매는 것만으로는 해결되지 않고 어느 정도 해당 분야의 지식이 있어야 한다. 이것이 내가 토지나 도로에 대해서 꾸준히 공부하는 이유이기도 하다. 얼마 전에 지목이 하천부지인 땅이 접수되었다. 개인소유의 하천부지였는데 현장에 가서 확인도 해보고 공부상 확인을 해봐도 참 모호한 땅이긴 했다. 누군가는 이 땅을 보더니 이 땅을 사는 사람은 돈을 바닥에 버리는 사람일 거라고 웃으며 말하기도 했다. 하지만 내 눈에는 조금 다르게 보였다. 조금만 가다듬으면 신선놀음할 수 있는 땅으로 보였다. 신축 아파트가 곧 옆에 들어올 장소였다. 가파르지 않은 곳에 위치해 있는 작은 규모의 땅은 꾸준하게 인기가 좋은 편인데, 사람들의 텃밭 생활의 로망을 채워주기 때문이다. 마당의 텃밭에서 직접 키운 상추와 야채를 뜯어와 가족들과 친구들을 초대해 마당에서 바비큐 파티를 하는 것, 많은 사람들이 꿈꾸듯 그리는 장면이다. 나는 이 땅을 보자마자 조금만 예쁘게 포장하면 쉽게 팔릴 만한 땅이라는 생각을 했다. 사람들의 텃밭 생활에 대한 니즈를 채워줄 수 있는 땅이었기 때문이다. 신축 아파트 단지와 가깝게 위치해 있고 경사도가 낮아 접근성이 좋았으며 공부상 맹지였으나 차량 진입도 가능해 보였다. 그 부분을 강조해서 광고를 올렸다. 이 토지는 이틀 만에 매매가 되었다. 그 뒤로는 아무리 못난 땅이라도 보고 또 본다. 딱히 뾰족한 생각이 바로 떠오르지 않아도 하염없이 생각하고 쳐다본다. 지금 당장 좋은 생각이 나지 않아도 괜찮다. 시간을 두고 보고 또 쳐다보다 보면 아무리 모호한 부동산이라고 해도 예쁜 곳이 단 한 곳이라도 나온다. 매도인도 이 땅이 매매가 된 것이 의아하다고 했다. 예전부터 이 쓸모없는 땅을 어쩌면 좋을까 생각하며 할아버님 살아생전에는 매매 생각조차 포기하며 신경도 안 쓰고 던져놓은 땅이라고 했다. 상속이 된 후 현장에 와봤다가 혹시나 하고 우리 부동산에 방문했던 것이 인연이 되었다. 구박받던 땅이 좋은 주인을 만나 새롭게 태어난 거 같아 기분이 좋았다. 버려졌던 땅에 생명을 불어넣은 기분이었다. 이렇게 나는 여유시간이 생기면 매물장을 노려본다. 보고 또 보다 보면 지나치고 넘어갔던 것들이 보이기 시작한다. 간과하고 흘려버렸던 것들이 눈에 부각되기 시작한다. 할 일이 없으면 매물장이라도 노려보라. 봤던 것이라도 또 한 번 보라. 보고 또 보다 보면 지나쳤던 부분이 반드시 보인다.

06

수업이 많은 매물을 봐야 한다

공인중개사는 매물을 많이 봐야 한다. 매물을 자주 보다 보면 이게 팔릴 물건인지, 팔리지 않을 물건인지 판가름이 난다. 아파트 같은 경우에는 한 단지 안에 방향이나 타입이 획일화되어 있기 때문에 이것이 경쟁력이 있는 물건인지, 또 얼마나 선호도가 높은 물건인지 파악하기 쉬우나, 주택의 경우에는 모양이나 구조가 제각각이다. 또한 접해 있는 길의 모양과 위치도 모두 다르다. 또 토지는 어떤가. 모두 다른 모양일 뿐만 아니라 세상에 똑같은 땅은 단 하나도 존재하지 않는다. 요즘은 사무실에서 컴퓨터로 지번만 쳐봐도 도로 사진과 다양한 사항을 확인할 수 있지만 그래도 부동산은 눈으로 직접 보아야 한다. 실제로 눈으로 매물을 보고 도로의 모습을 확인하고 분석하는 작업을 거쳐야 매물을 보는 눈이 길러지게 된다. 나는 정말로 눈썰미가 없는 사람이다. 특히 부동산에 관해서는 타고난 감각이 아예 없던 사람이다. 평소 운전을 할 때 방향감각이 없는 편이라는 생각은 했지만 중개를 업으로 삼으니 나의 방향감각과 길에 대한 감각은 스스로 놀라울 따름이었다. 한번은 손님을 모시고 안내를 하면서 이 골목을 지나면 집이 나와요, 라며 코너를 돌았는데 분명히 거기 있어야 할 건물이 없는 경우도 있었다. 그 큰 건물이 며칠 사이에 사라질 리는 당연히 없었고, 수도 없이 방문한 건물이었는데도 이런 실수를 종종 하곤 했다. 나는 끔찍한 길치였고 기본적인 방향감각도 없는 사람이었다. 일을 하면서 필수적인 건물의 방향이 남향인지 서향인지를 이해하는 데도 한참이 걸렸고, 요즘은 핸드폰의 나침반 앱으로 방향을 쉽게 체크할 수 있음에도 왜 이쪽이 남쪽이지? 생각하며 방향을 이해하는 데도 많은 시간이 걸렸다. 이렇게 부동산에 대한 감각이 없던 나도 지금은 시간에 따라 해가 걸쳐있는 모습만 보아도 이 건물이 남쪽으로 조금 틀어진 서향이구나 하는 눈썰미가 생겼다.

중개업을 시작한 초반에는 이상하게도 집을 아무리 보여줘도 계약이 성사되지 않았다. 중개사는 현재 부동산에 접수되어 있는 모든 매물을 보여주는 것이 아니라 내가 생각했을 때 계약 성사율이 높을 것이라 예상하는 괜찮은 매물을 몇 개 뽑아서 안내를 하는 것이 일반적이다. 내가 봤을 때는 구조도 넓고 거실도 잘 빠졌고 해도 잘 들어온다고 생각했는데 아무리 열심히 보여주어도 계약 성사로 이어지지 않았다. 나중에 수많은 손님을 놓치고 알게 된 바는 내가 좋다고 생각했던 매물과 사람들의 눈이 너무나 달랐다는 것이다. 나는 28세부터 부동산을 시작했고 살림과는 담을 쌓고 있는 스타일이었기 때문에 부엌 구조나 부엌의 환기창, 세탁기를 넣는 다용도실의 구조 같은 건 전혀 신경 쓰지 않았었다. 주부가 살림을 하는 데 부엌 구조가 얼마나 중요한지를 몰랐고, 다용도실에는 건조기가 들어가지 않을까 걱정하는 사람들에게 그저 거실이 넓다는 것만 강조했다. 내가 보기에 좋아 보이는 미혼과 1인 가구의 편협한 눈으로만 매물을 보았기 때문이다. 그저 예쁜 집이라고 안내했지만 손님들의 눈에는 집은 너무 예쁘지만 수납 공간이 적어 실제로 살림을 하기엔 불편한 집으로 보였던 것이다. 나는 이렇게 무지한 상태에서 부동산을 시작하여 실무에서 많은 손님들을 만나고 또 많은 손님들을 놓쳐가며 사람들이 선호하는 집의 구조와 방향이 어떤지에 대해서 하나하나 배워나갔다. 나 스스로가 가지고 있는 기준과 생각들을 많이 바꿔야 했다. 나이에 따라서 선호하는 동과 층이 다르다는 것을 배우게 되었고, 내가 보기에 채광도 좋고 고층의 멋진 뷰의 집들도 연세가 많은 어르신들에게는 너무 높아서 머리가 핑핑 돌 것 같은 어지러운 집일뿐이라는 것을 깨달았다. 대체로 연세가 많은 분들은 아주 높은 층보다는 바닥이 보여서 안정감을 가질 수 있는 중층을 선호하는 편이며, 나무와 숲을 볼 수 있는 뷰를 선호하는 경향이 많았다. 갓난아기가 있는 부모라면 아파트 앞 놀이터에서 아이가 노는 것을 바라볼 수 있는 동과 층을 선택하기도 한다는 것을 알게 되었다. 다만 이런 놀이터 뷰는 호불호가 갈리기도 하는데 아가들이 하염없이 창밖을 보며 손가락으로 놀이터에 가자고 조른다고 한다(비가 오나 눈이 와도). 물론 사람마다 취향은 제각각이기 때문에 예외는 있을 수 있지만 문의하는 손님의 나이대를 생각해서 많은 사람이 선호하는 매물을 준비해놓는 것이 계약의 확률을 높이는 방법이다. 그렇기 때문에 매물을 많이 봐서 나의 기준이 아닌 고객들이 찾는 기준으로 매물을 보는 눈을 바꿔야 한다.

안내를 하기 전 먼저 매물을 본다

나는 손님을 만나 미팅을 하기 전에 오늘 안내할 물건들을 미리 한 번씩 살펴보는데, 그래야만 내가 자신 있게 손님에게 설명을 할 수 있다. 우리 중개사들은 수많은 집을 보기 때문에 객관적인 눈으로 최대한 공정하게 집을 보지만 한 평생 주거지를 몇 번 옮겨 보지 않은 손님들의 경우에는 집에 애정이 깃들어 내 집이 최고라고 생각하는 경우가 많다. 한번은 사무실에 연세 많은 어르신이 방문하셨다. 여기서 아들딸 잘 낳고 다들 좋은 데 취직하고 복이 많은 집이라고 하셨다. 집도 정말 깔끔한 상태이고 최근에 깨끗하게 수리를 해놓아서 도배만 하고 들어오면 되는 집이라고 했다. 이것저것 손을 본 지 얼마 안 된 상황이라 집을 내놓을까 말까 고민이라는 말도 덧붙이셨다. 감이 없던 초보 시절이었기에 어르신의 말을 그대로 믿고 안내일정을 잡았다. 그날의 안내는 총 세 집이었는데 다른 두 집은 이미 안내를 몇 번 나가서 내부 상태를 직접 확인한 상태였고 두 집 다 부분 수리는 필요한 상태였다. 어르신의 집을 첫 타임으로 예약을 잡았고 화기애애한 분위기 속에 안내를 시작했다. 순진한 초보 시절의 나는 어르신의 말을 철석같이 믿고 "이 집은 오늘 보실 집 중 제일 컨디션이 좋고 깨끗한 집이에요 최근에 부분 수리도 완료되었지요" 라며 집 문을 열었다. 문이 열리자마자 눈에 보이는 광경에 뜨악했다. 오래된 한지 장판이 다 헤져서 바닥은 시멘트까지 보이고 있었다. 싱크대의 오래된 기름때는 세월의 흔적을 고스란히 담고 있었다. 누렇게 변색되다 못해 갈색에 가까워진 벽지와 내부 집 상태가 너무나 엉망진창이어서 등에서는 식은땀이 나기 시작했다. 남향집이라 집에 쏟아지듯 들어오는 햇빛은 너무나 포근했으나, 밝은 햇빛은 오히려 집안 구석구석 묻어있는 손때와 세월의 흔적을 고스란히 보여주었다. 손님들은 잘 수리된 깔끔한 집을 기대했다가 30년이 넘는 삶의 흔적이 고스란히 묻어있는 내부 상태에 놀라 집에 들어오는 채광을 볼 마음의 여유가 없었다. 첫 번째 집을 보자마자 손님들은 급한 일이 생겼다며 다급히 뒤에 잡혔던 일정을 취소했다. 직접 매물을 보지 않고 어르신의 말만 믿고 제일 깨끗한 집이라고 소개한 결과였다. 그 집은 사람들이 많이 찾는 로열 동과 로열 라인이기 때문에 애초에 전체를 수리할 집이라고 소개했으면 거래가 가능할 수도 있었다. 그 뒤로도 어르신은 샤워 호스와 방충망을 다 새 것으로 바꿨다면서 매번 손님을 모셔갈 때마다 도배만 하고 들어오면 된다고 하셨다. 어르신에게는 사랑스러운 아이들이 자라고, 소중한 추억들이 깃들어져 있는 최고의 집이었던 것이다. 공인중개사는 매물이 나오면 손님 안내 전에 꼭 집을 미리 보아야 한다. 그래야 해당 부동산에 대한 설명도 좀 더 객관적이고 자신 있게 할 수 있으며 간혹 전달받은 것과 해당 중개대상물의 상태가 너무 다른 것을 미리 방지할 수 있다.

07

일은 현장에서 끌려다니며 배우는 것

많은 사람들이 이야기한다. 대체 일은 어떻게 배우냐고, 그럴 때마다 하는 말이 있다. 일은 여기저기 끌려 다니면서 배우는 것이라고. 무작정 개업을 하기는 했으나 아는 것보다 모르는 것이 많았다. 개업 초반에는 손님들과 상담을 할 때는 모르는 것들을 아는 척하기에 급급했다. 나의 자격지심이었다. 내가 아는 것이 없기 때문에 모르는 것을 모른다고 말하기가 자존심이 상했다. 지금이야 손님이 까다로운 세법이나 법률 규제를 물어보면 이러이러한 것이 이론이지만 정확한 사항은 전문가인 세무사와 상담하시는 게 어떨까라고 하는 편인데, 정말 아무것도 몰랐던 초보 시절의 나는 오히려 다 아는 것처럼 보이기 위해서 나를 치장하기에 급급했다. 사무실에 손님이 들어온다. 연세가 많으신 어머님이다. 시장을 보러 가다가 부동산이 보여 들렀다고 한다. 막내아들한테 집을 하나 해주려고 하는데 세금 관계가 어떻게 될 거 같냐고 물으신다. 요즘은 아들한테 집 해준 것 다 잡아낸다는데 진짜냐고 물어본다. 나는 눈알만 또르르 굴리며, 공인중개사 시험 때 공부했던 기본적인 지식을 읊어댄다. 초반의 몇 가지 질문은 어찌어찌 대답했으나 예상 답변을 가지고 있지 않은 질문이 나온다. 등에서 식은땀이 나지만 태연한 얼굴로 핸드폰을 확인하는 척하면서 스마트폰으로 포털사이트 검색창에 검색해 본다. 부동산을 하면서 검색 능력이 탁월해졌다. 나의 개업 초기는 매일이 그랬다. 손님이 무언가를 물어보시면 이래저래 눈치를 보며 답변을 하는 것이 일과였다. 요동치는 부동산 가격으로 정책은 시도 때도 없이 바뀌었고, 그럴 때마다 알아두어야 하는 것과 새로 공부해야 할 것들이 참 많았다. 내가 무엇을 모르는지 모르는 시기였다. 내가 무엇을 모르는지 모르니 어디서부터 어디까지 공부를 해야 할지도 몰랐다. 예를 들어서 전세를 알아보는 손님이 사무실에 왔다고 가정해 보자. 손님은 자기 예산의 전세금을 이야기하면서 추후 전세 기간이 만료되었을 때 내 전세금을 안전하게 돌려받는 방법에 대해서 이야기를 할 것이다. 그렇다면 이때 전입신고와 확정일자를 받는 것과 전세권 설정하는 것, 보증보험에 대한 비교에 대해서 자세하게 설명할 수 있어야 한다. 현재 중개업에서 일하고 있는 사람 중에서 이 내용에 대해서 모르는 사람은 없겠지만, 만약에 헷갈리는 부분이 있다면 찾아보고 확실하게 정리해두는 것이 좋다. 일을 하면서 꾸준하게 손님에게 설명해야 하는 부분이기 때문이다. 만약 손님과 상담하다가 어떤 내용에 대해서 손님에게 명확하게 설명할 수 없다면 그 부분에 대해서 확실하게 짚고 넘어가야 한다. 모르는 것은 잘못이 아니다. 당연히 모를 수 있다. 어느 누가 처음부터 일에 대한 지식을 가지고 태어나겠는가. 다만 일을 하다가 모르는 것을 발견하면 그냥 넘어가지 않고 찾아보고 공부하며 내 것으로 만들어야 한다. 일을 배우는 포인트는 바로 이것이다. 여기서 앞으로 성장할 사람과 그렇지 않을 사람이 갈린다. 빠르게 성장하는 사람들은 모르는 것이 생기면 그 주제에 대해서 반드시 알아보고 넘어간다. 나는 손님이 무언가 물어보면 그날 업무가 아무리 늦게 마치더라도 그 주제에 대해서 찾아보고 공부하곤 했었다. 이때 나의 실력은 가장 많이 성장했다. 손님의 모든 궁금증을 대답해 주어야 하는 일이 중개사의 의무는 아니지만 그걸 찾아보고 공부하는 과정에서 손님들의 질문이 나를 크게 성장시켰다. 모르는 것을 모르는 상태로, 또는 모호하게 아는 형태로 넘어가는 것은 나 스스로를 그 자리에 두는 것이다. 이렇게 현장에서 손님들과 부딪히면서 대답해야 할 답변들을 잘 정리해서 내 것으로 만들어두자. 그렇게 질문과 답변을 정리하다 보면 어느샌가 질문이 중복된다는 것을 알게 된다. 그렇게 하나둘씩 정리해놓은 자료들이 나의 실력이 되는 것이다. 일은 이렇게 현장에서 배우는 것이다. 바로 계약이 되지 않는 손님이라고 해도 대화를 해보는 것이 좋다. 손님들은 나를 가장 빨리 성장시키는 개인교사이다. 가끔은 나를 똥개 훈련을 시키는 손님이 있다고 해도 초반에는 이리저리 끌려다니는 것이 좋다(물론 그 당시에는 화도 나고 힘이 빠지는 과정이란 걸 잘 알고 있다). 극한 조건을 내거는 손님도 도움이 된다. 아슬아슬한 가격에 반려동물이 있으며 주차가 가능해야 하며 인근에 버스정류장이 가까워야 한다는 손님이 있다. 조건을 맞추기 힘든 손님이어도 반드시 배울 점이 있다. 혹여나 어떤 집들이 이 조건에 맞춰지지 않을까 싶어 여기저기 전화를 걸어보면 한두 집 정도는 가능하기도 하고, 전화를 돌리다 보면 다른 좋은 조건의 집이 매물로 들어오기도 한다. 만약 별다른 소득이 없다고 해도 '아, 이 정도 조건으로는 마땅한 매물을 구하기 힘들구나'라는 사실을 알게 된다.

얼마 전에는 유튜브로 내 영상을 봤다며 울산에서 가장 비싼 주상복합 매물의 대형 평수를 안내해 달라는 손님이 왔다. 사실 물건지와의 거리도 그렇고 '굳이? 나에게?' 하는 의아한 내용의 안내였지만 성심을 다해서 준비했다. 다른 동네의 대표님들에게 이런 사정을 이야기하고 좋은 매물을 뽑아서 안내를 준비했다. 손님한테 미숙한 설명을 하지 않으려고 단지에 대한 공부도 열심히 했다. 아주 앳된 여성분이 오셔서 즐겁게 안내를 마쳤고 손님은 다음 주에 남편과 같이 와서 계약하겠다는 말을 남기고 홀연히 사라졌다. 약속된 일자가 다가오자 전화도 카톡으로도 어떠한 연락도 닿지 않았다. 아직까지 카톡에 노란 미수신 표시가 지워지지 않은 걸 보니 나를 차단해놓은 모양이다. 그래도 혼자서는 보기 힘든 주상복합의 귀한 대형 평수들을 볼 수 있었고 열심히 단지 공부를 했으니 다음번에 그쪽으로 안내할 수 있는 손님이 있다면 더 잘할 수 있게 되었다. 경력이 오래된 소장들과 공동으로 안내를 하고 일에 대한 이야기도 나눌 수 있는 기회도 되었다. 계약으로 이어졌으면 더욱 좋았겠지만 그래도 즐거운 안내였다(그 손님은 공인중개사에 대해서 많은 질문을 하는 걸 보니 현업에 종사하려고 하는 사람일 수도 있겠다. 다른 곳에서는 그렇게 하지 말기를 바란다).

수도 없이 많은 손님을 만나고 숱한 안내를 통해서 많은 것을 알게 된 것은 정말 단 하나의 이점이 없을 것 같던 안내도 분명 배울 것은 있었다. 많은 사람들을 만나보면서 사람에 대한 감도 생겼다. 절대적인 것은 아니지만 계약을 할 손님, 하지 않을 손님에 파악하는 희미한 능력도 생기게 되었고, 비슷한 류의 안내가 있을 경우 어떤 곳에 선택과 집중에 대한 기준도 생겼다.

PART

4

살아남는 부동산 사무실이 되는 법

01

광고가 가장 중요하다

부동산 사무실 운영에서 가장 절대적인 것은 광고라고 말하고 싶다. 광고를 어떻게 해야 손님이 많아지냐는 질문은 꾸준히 들어오는 질문 중 하나인데 이 부분에 대해 시원하게 말씀드리고 싶지만, 답변하기가 너무 모호하다. 중개 사무실의 위치와 주로 접하게 되는 중개 대상물에 따라 광고의 방향이 천차만별이기 때문이다. 예를 들어 학생들의 임대 수요가 많은 대학가라면 젊은 사람들이 주로 이용하는 앱의 수요가 많을 것이다. 이런 대학가에서 신문 교차로에 아무리 비싼 광고비를 지불하며 광고를 진행해 보아도 고등학교를 갓 졸업한 대학 새내기들이 신문 교차로를 펼쳐보며 매물을 찾을 확률은 매우 적기 때문에 광고의 효율성과 적합성은 떨어질 수밖에 없다. 또한 대학가에서는 매매 매물보다는 임대 매물을 광고하는 것이 훨씬 문의가 많을 것이다. 갓 입학한 새내기들이 대학 생활 동안 거주할 집을 매매해서 들어가는 경우는 확률상 적기 때문이다. 어르신들이 많이 찾는 토지매매라면 신문에 전단 광고를 내는 것도 좋은 방법이다. 종이 전단을 붙여 광고를 하는 것이 익숙한 동네라면 돌아다니며 전봇대에 광고지라도 붙여야 한다. 이렇게 광고의 방향은 중개 사무실의 위치와 주로 진행하는 중개 대상물에 따라서 너무나 다르기 때문에 명확한 답변을 하기가 어렵다. 또한 지역에 따라 사람들이 주로 이용하는 광고매체가 다르기 때문에 그 지방 사람들이 가장 많이 이용하는 광고매체를 알아보아야 한다. 스스로 이것저것 도전해 보면서 부동산 사무실에 가장 적합한 광고 루트를 찾아가는 과정을 거쳐야 한다. 이것이 내가 진행하고 있는 광고매체를 고스란히 말해준다고 해도 다른 부동산 사무실에서 똑같은 효과를 내기 어려운 이유이다. 직접 해보지 않고는 모르기 때문이다. 나도 광고를 하면서 수많은 시행착오를 겪었다. 개업 초반에 현존하는 광고들은 조금씩 죄다 진행해 보았는데 그중 일간지 광고에 대한 경험을 이야기를 해보고 싶다. 아무리 인터넷 광고가 활성화되었다 한들 아직도 부동산에서는 일간지(교차로)가 굳건하다고 생각했다. 우리 사무실 앞에는 교차로와 벼룩시장 신문을 놔두는 가판대가 있는데, 생각보다 많은 사람들이 지나가면서 일간지를 가져가는 것을 보았기 때문이다. 이 일간지 광고는 다른 광고에 비해 광고비가 높은 편이지만 그래도 사람들이 저렇게 많이 가져가는 걸 보면 사람들은 아직도 부동산 일간지를 많이 보는구나 싶어 제법 되는 광고비용을 지불하며 광고를 유지했다. 결론적으로 1년의 시간 동안 광고를 넣어봤지만 일간지를 통해서 성사된 계약은 단 한 건도 없었다. 우리 사무실이 주로 진행하는 매물과는 맞지 않은 방법이었던 것이다. 나중에야 안 사실이지만 요즘은 신문을 구독하는 집이 거의 없기 때문에 부동산 매물을 구하기 위해서가 아니라 포장을 하거나 신문지가 필요해서 길가에 있는 교차로를 가져가는 경우가 많다는 걸 알게 되었다. 나는 이렇게 이런저런 매체에 직접 광고비를 써보고 다양한 시행착오를 거치면서 지금의 광고 체제를 갖추게 되었다.

이렇게 적합한 광고 루트를 찾았다고 해도 광고를 진행하는 순간부터 바로 반응이 오지는 않는다. 초보 상태에서는 매물 보는 눈이 없기 때문이다. 적합한 광고 루트를 찾았다고 한들 사람들이 선호하는 스타일의 부동산을 알아내기까지 또 시간이 걸린다. 처음에는 어떤 물건이 메리트가 있는 물건인지, 어떤 물건이 거래가 성사되는 데 시간이 걸릴 물건인지 잘 모른다. 지하철로 출퇴근하는 직장인의 경우 지하철역과의 접근성이 중요하고, 자차 출퇴근이 많은 곳에서는 주차가 꼭 필수적이라는 것을 직접 파악하는 데도 시간이 걸린다. 내 눈에 아무리 좋아 보이는 집이라도 자기 차가 없는 대학생들이 많은 동네에서 주차 시설이 장점인 집은 그다지 선호도가 높지 않을 수 있다. 이러한 과정을 깨닫게 되는 기간 때문이라도 광고는 꾸준히 진행해야 한다. 광고를 진행해 보면서 손님들에게 좀 더 반응이 좋은 매물들로 광고를 수정해 보는 과정을 거쳐야만 비로소 우리 부동산 사무실의 맞춤형 광고 체계를 완성할 수 있다. 중개사무실은 재료비나 인건비 등 고정 비용이 많이 들어가는 업종은 아니지만 광고를 진행하면서 자리 잡는 기간이 있기 때문에 개업을 시작하면서 최소한 육 개월 정도의 광고비는 준비해 놓고 일을 시작하라고 말하고 싶다. 자금이 막막하면 마음이 초조해지기 마련이다. 수입이 나지 않는 상황에서 고정적인 광고비 지출이 부담스러운 것은 충분히 이해한다. 하지만 어떤 업종이라도 초반의 자리 잡는 과정은 반드시 필요하기에 지금 당장 효과가 나타나지 않는다고 광고를 그만두는 것은 여태까지 지불했던 광고비마저 소용없게 만드는 것이다. 부동산 사무실의 폐업으로 가는 가장 빠른 지름길 하나가 광고비를 줄이는 것이다. 광고비를 줄이면 손님의 문의량은 더 떨어진다. 특히 단골이 없는 초보의 경우라면 기존 손님의 소개를 기대할 수 없기 때문에 광고에만 전적으로 의존할 수밖에 없다. 이렇게 신규 문의량이 떨어지는 것은 사무실 매출과 직접 연결된다. 대부분의 사람들은 매출이 떨어지면 허리띠를 졸라매며 광고비부터 줄인다. 하지만 광고를 줄이면 손님은 더 줄어든다. 이 상황이 반복되면서 결국에는 폐업의 루트를 밟는 것을 많이 보았다. 손님이 없을수록 광고에 더 신경 써야 한다는 사실을 명심했으면 좋겠다.

내가 아는 부동산 대표는 어떻게 광고를 해야 손님이 오냐며 자주 묻곤 했다. 내가 이용하고 있는 광고매체를 그대로 알려주면 이번 달에는 이 매체에 광고를 넣었다가 한 달 정도 지나 효과가 없는 것 같다며 광고비가 아깝다며 바로 다른 매체로 갈아타며 모든 업체에 꾸준히 번갈아가면서 광고비를 쓰고 있다. 안타까운 일이다. 광고 효과를 보려면 꾸준하게 광고를 해보아야 한다. 나는 효과가 미미한 광고라도 최소 1년간은 꾸준히 해보는 편이다.

돈이든 노력이든

세상에는 돈이 들어가는 유료 광고만 있는 것이 아니다. 안타깝게도 우리가 살고 있는 세상은 돈이 있으면 조금 더 쉬운 길로 갈 수 있고, 돈이 없으면 그만큼 시간을 들이고 번거로움을 겪어야 한다. 광고에 투자할 수 있는 돈이 한정적이라면 비용이 들지 않는 광고에 주력해야 한다. 어떤 경로라도 꾸준히 매물들을 노출시켜야 하기 때문이다. 인터넷을 찾아보며 블로그 포스팅하는 법을 익혀 블로그에 광고를 올려야 하고 핸드폰 카메라로라도 영상을 찍어보면서 유튜브 올리는 법을 공부해야 한다. 최근에는 광고매체가 변화하고 있다. 한동안 블로그 광고가 유행이었다가 요즘은 유튜브에 영상으로 매물 홍보를 참 많이 한다. 드론을 사용하기도 하고 갈수록 전문화되어가고 있다. 나도 가끔 인터넷 광고를 검색하다 보면 이 정도의 퀄리티가 동네 부동산 사무실에서 진행할 수 있는 광고의 수준인가 하며 놀랄 때도 많다. 블로그나 유튜브는 광고비가 전혀 들지 않는 대신 정말 많은 시간과 정성이 들어간다. 현재 많이들 이용하고 있는 일간지(교차로, 벼룩시장), 네이버 부동산, 각종 유료 앱 등 돈만 주면 내 광고가 바로바로 노출되는 유료 광고와는 다르다. 블로그와 유튜브는 한 개의 매물을 홍보하는 데 많은 시간과 정성이 들어가지만 어느 정도 틀이 잡히면 그 어떤 유료 광고보다 강력한 효과를 나타내기도 한다. 하지만 지금 당장 반응이 없는 상황에 많은 시간을 꾸준하게 쏟아붓는다는 것 자체가 결코 쉬운 일이 아니다. 하지만 체계가 잘 잡힌 블로그와 유튜브는 엄청난 효과가 있다는 것을 잘 알기 때문에 나 또한 최대한 시간을 투자하려 하고 있다. 내가 아는 대표님 중에서는 블로그로 오는 연락만으로도 벅차서 유료 광고를 전혀 하지 않는 분도 계신다. 블로그로 오는 문의전화만으로도 휴일 없이 일하는데도 시간이 부족하다고 하신다. 블로그나 유튜브를 처음 시작할 때는 엄청난 시간이 소요된다. 나의 경우에는 급매로 나온 오래된 빌라 매매 영상을 처음으로 제작해 보았는데 사무실에서 일하는 시간을 제외하고는 컴퓨터 앞에 매달려있었지만 꼬박 일주일이 넘는 시간이 걸렸다. 길지 않은 3분짜리 영상이었는데도 말이다. 이러다가 영상 제작을 완료하기 전에 매매 완료 돼버리진 않을까 하는 생각이 들 만큼 많은 시간이 소요되었다. 그렇게 일주일도 넘는 시간을 들여서 눈이 아프도록 화면만 쳐다보면서 만들어놓은 영상물은 촌스럽기 그지없었다. 이걸 진짜로 올려도 되나 싶을 정도로 형편없어서 부끄럽기만 하였다. 이런 이유로 대부분의 사람들이 몇 개의 포스팅이나 영상을 올려놓고는 손을 떼버리곤 한다. 너무나 많은 시간이 투입되는 반면에 힘들게 만든 영상은 너무나 초라하며, 처음에는 효과 또한 미미하기 때문이다. 이렇게 성에 차지 않는 결과물이라도 꾸준히 계속해서 만들어 보아야 한다. 하다 보면 분명히 실력이 늘어난다. 다른 크리에이터가 한 것들은 비슷하게 따라 해보다 보면 디자인적으로도 실력이 늘고, 광고물을 제작하는 시간도 빨라진다. 영상 편집은 아주 어렵지만 이제 사진으로 매물을 홍보하는 것에서 영상으로 매물을 홍보하는 방면으로 넘어가고 있기 때문에 언젠가는 숙련해야 할 과제가 될 것이다. 또한 이러한 영상자료는 한번 제작해놓으면 추후에도 계속 사용할 수 있기 때문에 두고두고 쓸 수 있는 귀중한 자산이 되기도 한다. 영상 편집이 너무나 어렵다면, 영상 제작을 의뢰 맡기거나 영상 편집이 가능한 직원을 두는 것도 한 가지 방법이다(하지만 영상 편집에 대한 인건비는 비교적 높은 편이다). 요즘은 아무리 나이가 많은 어르신들도 네이버를 켜서 검색을 하고 유튜브로 영상을 본다. 어렵다고 포기하면 잠재 수요가 많은 광고의 한 루트를 놓치는 것이다. 주변에 연세가 많으신데도 인터넷을 통한 홍보를 잘 하시는 대표님이 계신다. 인터넷뱅킹도 하시지 못하는 것을 보면 엄청난 노력에 대한 결과인 듯싶다. 아주 세련된 영상을 만드는 것은 아니지만 투박하게 만든 광고물에 대한 팬들도 많다. 부동산 중개에서는 전문가적인 영상물을 만드는 것이 목표가 아니라 가장 많이 노출될 수 있는 곳에 좋은 매물을 내놓는 것이 목표이기 때문에 완성도가 높은 영상이 아니라도 괜찮은 홍보효과를 기대할 수 있다. 그 대표님은 요즘 다들 유튜브가 어쩌고 하는 탓에 책 한 권 사서 하나둘씩 공부하셨다고 하는데 얼마 전에는 인터넷으로 보고 온 손님이 첫 계약을 하셨다며 요즘 더 열심히 공부 중이시다. 컴퓨터를 못 해도 컴퓨터를 해야 하고 블로그는 전혀 몰라도 블로그는 해야 한다. 유튜브가 어려워도 유튜브를 해야 한다. 그래야 요즘 엄청난 경쟁시장에서 같은 경쟁 라인에 설 수 있다. 나는 정말 심한 기계치고 지나치게 컴맹이다. 그런 나도 검색하고 찾아보며 느리지만 배워가고 있다.

02

손님의 눈높이에 맞추어서 설명하자

전문적인 정보들을 깊이 있게 아는 것보다 더 중요한 것이 있다. 이 정보들을 어떻게 손님이 이해하기 쉽도록 잘 풀어내어 설명할 수 있는지다. 부동산 사무실에 상담 오는 내용 중 많은 부분이 중복된다. 손님이 주로 물어보는 건 주택임대차보호법, 상가임대차보호법, 보증금 반환에 대한 것, 양도소득세, 매매의 과정, 대출 진행 과정 등이 대부분이다. 머릿속에 지식을 담아내는 것과, 그 머릿속의 지식을 풀어내는 것은 너무나 다르다. 고객에게는 짧고 간략하게 그리고 아주 쉽게 설명하자. 나는 손님이 와서 어떤 것을 물어보아도 어린아이에게 설명하듯 아주 쉽고 구체적인 예를 들어서 설명해 드린다. 우리야 매일 하는 일이기 때문에 너무 당연한 것들이지만 손님들에게는 감도 못 잡을 만큼 어렵고 무겁게 느껴지기도 한다. 일부 손님은 우리의 생각보다 더 많은 것을 모르고 있다.

일전에 아파트 매매계약을 진행한 적이 있었다. 잔금이 며칠 남지 않은 상황에서 이삿짐 트럭이 오는 시간을 확인하기 위해 통화를 하였는데 매수인이 너무나 당연하게 잔금은 잔금일대로 치르고 이사는 추후 손 없는 날 나가는 걸로 생각하고 있었다. 깜짝 놀라 잔금과 이사는 동시에 하는 것이며, 잔금을 미리 지급하고 이사를 나중에 하는 것은 상대방의 동의를 받지 않은 상황에서는 불가능하다는 걸 손님에게 한참을 설명해야만 했다. 손님은 왜 이걸 부동산에서 이야기해주지 않았느냐고 원망스럽게 말했다. 항상 하는 일이지만 아차 싶을 때가 있는데 사람마다 가지고 있는 어떤 분야의 지식은 천차만별이라서 이 사람에게 어디부터 어디까지 설명해야 할지 모르겠을 때가 많다. 가끔은 '정말 이걸 몰랐단 말이야?' 하는 생각이 들 때도 한두 번이 아니다.

얼마 전에 진행한 빌라 매매의 이야기이다. 매도인, 매수인이 함께 모여 계약서를 작성했고, 매수자가 부족한 일부 금액을 대출을 받는다며 대출 방법에 대해 물어봐서 간단하게 진행과정을 설명하고 여러 군데의 대출상담사도 안내해 드렸다. 여기저기 비교해 보시고 원하시는 곳으로 진행하라는 말도 덧붙였다. 잔금일이 1주일 정도 남았을 때 잔금일 서류 안내차 전화를 걸어보니 손님은 해맑은 목소리로 "요즘은 클릭 몇 번 하면 대출이 바로 가능하다던데 대출은 잔금 날 핸드폰으로 받으면 되냐고 물었다. 그 말을 듣자마자 등골이 오싹해졌다. 담보대출이나 전세자금 대출은 잔금일 한 달 전부터 준비하는 것이 일반적이다. 어떤 대출 상품은 더 미리 준비하기도 한다. 대출이 접수되고 심사를 거치고 실행되는 데는 일정 시간이 걸리기 때문이다. 왜 여태까지 대출을 알아보지 않았느냐고 하니 요즘은 즉시 대출, 몇 분 만에 대출

이런 광고들이 많아서 당연히 그런 상품을 이용하면 되는 줄 알았다고 했다. 가만히 있을 수 없어 여기저기 전화를 돌려서 가장 빠른 시일 내에 대출을 진행할 수 있는 은행을 찾아 손님에게 연락처를 주고 신신당부했다. 내일까지는 소득 관련 서류를 모두 넣어야 잔금 진행에 무리가 없으니 서류 준비에 신경 써달라고 당부에 당부를 거듭했다. 그렇게까지 했으니 잘 진행되었겠지 생각하고 있었는데 잔금일 전날 아침 일찍부터 전화가 왔다. 본인이 이사 준비로 너무 바빠서 대출 서류를 아직 접수하지 못했다는 것이었다. 광고에서는 몇 분 만에 대출 실행이 된다는데 왜 일반 은행에서는 안 되느냐며 상황 해결에 도움이 하나도 되지 않던 이야기만 늘어놓던 매수인은 결국 이율이 아주 높은 신용대출과 가족과 지인에게 돈을 빌려서 잔금을 치를 수밖에 없었다.

일을 하면서 가장 무서운 건 어느 손님이 도대체 어디까지 모르는지 전혀 알 수 없다는 것이다. 계약서를 진행할 때도 다 알고 있다는 듯이 고개를 끄덕거리지만 손님들은 대체로 우리가 무슨 말을 하고 있는지 잘 모르는 경우가 많으며, '그냥 그런가보다', '저런 게 있나 보다', '알아서 잘 해주겠지'라고 생각하는 것이 대부분이기 때문에 최대한 알아듣기 쉬운 말로 한 번씩 짚어주는 게 필요하다. 손님의 눈높이에 맞춰서 아주 쉽게 설명해야 한다. 우리야 매일 보고 듣고 겪는 부동산 이야기이지만 손님은 평생 한두 번 들을까 말까 하는 게 대부분이다. 많은 지식을 다양하게 알고 있는 것도 중요하지만 내가 알고 있는 지식을 어떻게 고객의 눈높이에 맞추어 설명하는지가 더 중요하다는 것을 명심하자.

03

계약의 크기를 따지지 말자

부동산 계약은 흔히 일회성 계약이라고 생각한다. 하지만 실무에서 일을 해보니 부동산 계약은 절대 단발성 계약이 아니다. 사람이 살면서 매일매일 부동산을 사고팔지는 않지만 지금 당장 거주하는 부동산은 반드시 있어야 하기 때문이다. 예전에 앳된 얼굴로 원룸을 보러 오신 손님이 있었다. 딱 봐도 어려 보이는 얼굴로 긴장한 기색이 역력했다. 타지에서 일하러 혼자 내려왔기 때문에 부모님과 영상통화를 하기도 했다. 부동산 계약이 난생처음이라며 거래할 때의 유의사항을 휴대전화 화면에 캡처해 와서는 공인중개사가 있는 부동산 중개 사무실이 맞는지 등을 물어보며 이런저런 질문들을 쏟아냈다. 질문을 하고는 있는데 본인도 무슨 질문을 하고 있는지는 잘 모르는 눈치였다. 질문 중에는 원룸 임대와는 전혀 관계없는 부동산 매매에 대한 질문도 몇 가지 섞여 있었고 한참을 경계하고 있는 손님의 마음을 풀어주는데 꽤 시간이 걸렸다. 적지 않은 시간 동안 이야기를 하고 원룸 임대 계약을 했다. 나중에 들어보니 인근의 동네 부동산은 다 갔다 왔다고 했다. 하지만 계약이 확실하지도 않으면서 공인중개사 자격증을 보여 달라느니, 자격증과 동일인이 맞는지 신분증을 확인할 수 있겠냐는 등의 질문을 퍼부어대는 것을 어느 부동산에서도 반기지는 않았던 모양이었다. 사실 나도 날카로운 질문에 대한 답변을 아무것도 모르는 사람을 앉혀놓고 설명하기가 쉽지가 않았지만 최대한 눈높이에 맞춰 친절히 설명했다. 영상통화로 부동산 사무실 내부까지 보여 달라는 부모님의 자식을 걱정하는 마음이 짠했고, 한참 긴장하고 있는 손님이 안쓰러웠기 때문이다. 그 손님은 추후 계약 기간이 만료된 후 신혼집으로 아파트 전세를 구하러 왔다. 곧 아내가 될 여자 친구와 함께였다. 처음의 그 까칠하고 이런저런 질문 폭탄을 던지던 손님은 그때보다 훨씬 유해져 있었다. 나에 대한 신뢰로 별 어려움 없이 계약을 진행했다. 아파트 전세를 구해주고 2년의 시간이 지나서 손님이 다시 찾아왔다. 그때 함께 왔던 아내는 물론 배 속의 아이와 더불어 매매할 집을 구하러 왔다고 했다. 그 손님은 애초에 다른 부동산을 가지도 않았다며, 이번 신혼집을 구하고 가서는 등기필증도 가져가지 않았다, 다음에 이 집을 팔 때도 우리 부동산을 이용할 건데 뭐 하러 가져가느냐는 것이다. 두 사람이 손을 붙잡고 사무실을 나가는 모습을 보고 있자니 처음 쭈뼛거리며 긴장하던 모습으로 사무실을 찾아왔던 손님이 저렇게 한 가정의 훌륭한 가장이 되었구나 하는 괜한 대견한 마음이 들었다. 일을 하다 보면 모든 계약이 수월하고 간편할 수 없다. 어떤 계약은 중개 보수가 얼마 되지도 않는 계약인데도 건물 매매보다 어렵고 까다로워서 이 돈 벌자고 이렇게까지 해야 하나 싶기도 하다. 어떨 때는 참을 인 자를 마음으로 수십 번 적기도 한다. 그럴 때마다 나는 이렇게 생각한다. 우리는 손님을 모으기 위해서 무료 광고, 유료 광고 아끼지 않고 광고를 진행한다. 이렇게 손님을 안내하는 과정이 광고를 하는 과정이라고 생각하고 손님들을 응대한다. 부동산 계약은 절대 일회성이 아니다. 좋은 기억을 가지고 있는 손님들은 언제든 다시 방문한다. 아무리 작은 것을 찾으러 온 손님들도 가능한 정성을 다하자. 작은 계약을 하고 만족한 손님들이 인근 고객들을 소개해주기도 한다. 어떤 어머님은 꾸준하게 주택 원룸 임대를 내놓고 있는데 가격이 워낙 저렴한 오래된 건물이기 때문에 중개보수가 8만 원이 채 되지 않는다. 매물을 내놓으면서도 항상 미안해하는데, 매물을 내러 올 때마다 차를 주면 손사래를 친다. 돈도 얼마 안 되는데 매번 차까지 내어주면 여기는 뭐 먹고 사느냐면서, 좀 전에 집에서 커피 마시고 나와서 나는 안 먹어도 된다고 한다. 그리고 종종 집 앞 텃밭에서 뽑은 부추와 대파와 농산물까지 들고 오기도 한다. 그 무거운 걸 들고 버스까지 타고 오는 것이다. 그리고 어르신이 얼마나 마당발인지 여기저기 돌아다니면서 우리 부동산 홍보를 어찌나 해주는지 모른다. 작은 손님이라고 소홀히 하지 말자. 작은 손님들이 엄청난 홍보 효과를 가져다주기도 한다.

04

공동 중개를 적극 활용하라

내가 아주 초보여서 누가 봐도 초보 티를 벗지 못했을 때도 정말 감사하게 예의를 지키는 사람이 많았지만, 초보 티가 팍팍 나는 내가 손님을 데려오면 우리 부동산은 물건이 아주 많다며 어디에 있는 부동산이라며 부동산의 위치를 손님에게 직접 설명하기도 하고, 명함을 주며 여기 이 아가씨는 초보라 잘 모르니 나한테 직접 전화하라며 무례하게 구는 사람도 있었다. 처음에는 억울하고 분하기만 했는데 시간이 지나고 돌이켜보니 그렇게 불편한 감정으로 거래했던 부동산과는 마음에 앙금이 남아 더 이상 공동 중개를 하지 않게 되었고, 병아리 티를 벗지 못한 초보인 나에게도 예의를 지켜준 일 처리 깔끔한 대표들만 옆에 남아있다. 9년 차에 들어서면서 일을 하면 할수록 느낀 점은 사람은 언제 어디서 다시 마주칠지 모른다는 것이다. 지금은 내가 부탁해야 할 입장이지만 다음에는 부탁을 받는 입장이 되기도 한다. 사람의 인연은 참 재미있고 신기해서 영업하는 사람은 절대 사람한테 박하게 대하거나 무례하게 굴어서는 안 된다는 것을 알게 되었다. 눈앞의 작은 이익 때문에 절대 신의를 저버려서는 안 된다. 지금 눈 한 번 질끈 감고 저지른 행동은 나에 대한 평판이 되기 때문이다. 사람들은 다들 보고 느끼는 바가 비슷해서 내가 어떤 식으로 일하는지에 대한 소문은 현업에 종사하는 사람들한테 빠르게 전달된다. 사람의 평판은 좋은 말보다 안 좋은 말들이 오래가고 이미 자리 잡은 좋지 않은 이미지를 바꾸는 것은 극도로 어렵다. 눈앞에 작은 유혹에 혹해 상대에게 결례를 저지르는 일이 없도록 항상 조심해야 한다. 인생은 오늘만 있는 것이 아니라 오늘 같은 하루하루가 수도 없이 많기 때문이다.

공동 중개에서 가장 중요한 것은 예의와 신뢰

너무나 당연한 이야기이지만 고객은 정말 중요하다. 아무리 좋은 물건이 있어도 물건을 찾는 손님이 없다면 무의미하기 때문이다. 부동산 중개 사무실은 아주 중요한 고객이 된다. 처음 공동 중개로 안내를 해 보고 계약을 같이 진행하다 보면 서로의 업무 스타일을 알게 되는데, 믿을 만한 사람이라는 신뢰가 쌓이고 일하는 스타일이 잘 맞는다고 느끼면 같은 물건이 여러 곳에 나와 있을 경우 웬만하면 조금 더 친한 부동산, 일 처리가 깔끔한 부동산과 같이 일하려고 할 것이다. 이렇게 부동산 사무실은 아주 훌륭한 단골이 되기도 한다. 이 점을 꼭 명심해야 한다. 만약 상대 부동산에게 실례를 범하거나 불쾌감을 주게 된다면 어찌어찌 일회성의 계약이 성사된다고 하더라도 더 이상의 계약이 진행되는 일은 없을 것이다.

분양권 거래를 공동으로 진행한 적이 있다. 분양권 거래는 은행에서 중도금 대출 명의 변경을 하고 자리를 이동해 지정된 명의 변경 장소에서 권리양도양수까지 해야 하는데 통상적으로 변경 가능한 일자가 정해져 있기 때문에 대기 시간과 이동 시간 및 서류 작성을 하다 보면 하루를 꼬박 다 쓰는 경우가 많다. 모 부동산과 분양권 명의 변경을 공동 중개로 진행하였고 명의 변경 당일 그 부동산 대표는 제주도 여행을 가고 계약을 담당했던 실장은 남편과 여행을 가게 되었다는 전화를 받았다. 미리 양해를 구한 것도 아니었고 아침에 출발하기 전 확인 전화를 하니 그제서야 예전부터 잡혀 있던 여행이라 일정 조율이 불가능하여 어쩔 수 없었다는 황당한 소리를 전달받았다. 계약서는 미리 작성해두었으니 명의 변경하러 가는 길에 자기네 사무실에 들러서 계약서를 찾아가라는 뻔뻔함까지 보였다. 손님에게는 제주도에 갔다는 말을 비밀로 해달라는 말까지 덧붙였다. 너무 화가 나고 울분이 터졌지만 이 사정을 모르고 기다리고 있는 매도인과 매수인을 생각해서 나 홀로 은행 중도금 대출 승계와 명의 변경을 진행했다. 내가 겪었던 공동 중개 중 가장 최악이었고 다시는 그 부동산과는 어떠한 계약도 진행하고 싶지 않다.

공동 중개는 중개 실무를 배울 수 있는 소중한 기회다. 갓 중개 시장에 진입한 초보에게는 실무에 대한 지식은 너무나도 귀중하다. 공동 중개를 하면 그토록 보고 싶던 경력이 많은 공인중개사의 일처리를 직접 볼 수 있다. 손님 안내는 어떻게 하는지, 계약서를 어떻게 설명해야 하는지, 클로징 멘트를 어떻게 하는지에 대한 것들을 직접 두 눈으로 볼 수 있다. 일을 배울 수 있는 소중한 기회인 것이다. 내가 초보 때는 계약서 브리핑을 어떻게 해야 하는지 잘 몰라 공동 중개하는 대표님이 계약서를 설명하는 것을 귀를 쫑긋 세우고는 토씨 하나도 놓치지 않으려 정신을 바짝 차렸던 기억이 있다. 집에 와서도 보고 들은 것들을 기록해놓고 혼자 중얼중얼 따라 해보기도 했었다. 공동 중개를 할 때 유심히 보고 내가 본받아야 할 점과 깨달은 점을 잘 정리해서 내 것으로 만들어도 좋다. 전혀 배울 점이 없다면 저렇게 일하면 안 되는구나라도 느낄 수 있다.

나는 공동 중개를 함으로써 인연을 이어가고 있는 사람이 많다. 일전에 아파트를 공동 중개하였는데 내가 물건지, 그리고 상대 부동산 측에서 손님 측으로 거래를 했었다. 연세가 지긋한 대표인데 땅만 전문적으로 다루는 분이었다. 잘 아는 사람이 부탁해서 아파트를 보러 왔다고 했다. 평생 중개를 해왔지만 아파트 중개를 많이 해보지는 않았다며 친한 사람의 거래니 잘 도와달라고 했다. 트렌치코트를 입은 멋쟁이 할아버님을 손님으로 모시고 왔는데 그 할아버님은 해당 아파트를 짓기 전에 그 자리에서 평생을 거주했고 이제는 전에 살았던 터에 돌아오고 싶으다고 했다. 인사를 하자마자 다짜고짜 트렌치코트 안쪽에서 현금이 빽빽한 봉투를 꺼내놓고는 제일 좋은 물건으로 보여주고, 만약 돈이 더 필요하면 집에 가서 현금을 더 가지고 오겠다고 했다. 그날 좋은 물건을 여러 개 보여주고 그중 가장 볕이 잘 들고 로열 동, 로열 층의 매물을 안내했다. 손님을 모시고 온 대표님은 원래 땅만 전문적으로 하다 보니 아파트 거래에는 익숙하지 않아서 거래의 대부분을 내가 진행했고 이렇게 수고해주어 고맙다며 종종 평생 부동산 사무실을 운영하면서 있었던 이런저런 에피소드를 이야기해주었다. 초보였던 나에게는 얼마를 줘도 듣기 힘든 귀한 이야기들이었다. 그 뒤로도 우리 사무실에 종종 놀러 와서, 이번에 어디 큰 땅을 거래했는데 그 진행 과정이 얼마나 복잡하고 까다로웠는지, 어떤 식으로 가격 조절을 했는지에 대한 생생한 중개 이야기를 많이 해주었다. 또한 잘 모르거나 곤란한 상황에 대해 조언을 구하면 당신이 처한 일처럼 너무나 적극적으로 도와주곤 했다. 중개업을 오래 하려면 어떤 마음으로 일해야 하는지에 대한 현명한 조언도 아끼지 않았다. 그때 말씀한 부분에 대해서는 마음에 새기고 있고, 마음이 나태해질 때마다 꺼내 보고 있다.

공동 중개 팁

부동산 계약에서 매도인 쪽 부동산과 매수인 쪽 부동산 두 곳이 공동으로 계약을 진행하는 것을 '공동 중개'라고 한다. 공동 중개에도 룰이 있다. 하지만 이 룰은 모든 상황에서 절대적인 것은 아니고 지역이나 단지의 특성상 조금씩 다르기도 하다. 그 지역에 맞는 룰을 사용하는 것이 좋다. 지금 이야기하는 것은 공동 중개의 가장 기초적인 부분이다.

1. 처음 전화를 할 때

나에게 손님이 찾는 적당한 물건이 없을 때 먼저 해당 물건을 가지고 있는 부동산에 전화를 해야 한다. 처음 전화를 걸 때도 부동산임을 꼭 밝혀야 한다. 절대 손님인 척하며 동이나 호수에 대한 정보를 물어봐서는 안 된다. 한참 이런저런 이야기를 하다가 나중에서야 사실은 부동산이라고 이야기하는 것도 상대에게 불쾌감을 줄 수 있다. "안녕하세요. 저희는 어디에 있는 어디 부동산입니다. 어디 아파트 얼마짜리 광고 나와 있는 걸 봤는데 공동 중개 가능할까요?" 이런 식으로 먼저 나를 밝히고 공동 중개가 가능한지 물어봐야 한다. 어떤 매물의 경우는 지인 물건이거나, 인근 부동산에서 부탁한 매물이라 중개 보수가 나오지 않아 공동 중개가 불가능할 수도 있기 때문이다.

2. 안내를 할 때

약속을 잡아서 안내를 갈 때는 양쪽 부동산에서 공동으로 손님과 같이 올라가는데 보통 부동산의 설명은 물건지 부동산에서 하는 편이 많다. 딱 정해져 있는 건 아니지만 아무래도 물건지 부동산이 해당 부동산에 대한 정보를 더 잘 알기 때문이다. 다만 이때 물건지 부동산에서 손님한테 명함을 주거나 부동산 상호를 알려주는 것은 절대 안 되기에 주의해야 한다. 간혹 손님한테 인사하는 게 뭐가 잘못이냐고 명함을 주시는 분들도 있는데 손님 측 부동산에 실례를 범하는 것이기 때문에 이 부분은 특히나 조심해야 한다. 손님이 만약 "같이 오신 분도 부동산이에요? 어디 부동산이에요 명함 좀 주고 가세요" 이런 식으로 말한다면 그 자리에서 "안 돼요!"라고는 하지 말고 "같이 오신 대표, 실장 통해서 연락 주시면 됩니다" 같은 방식으로 융통성 있게 이야기해야 한다. 이 부분을 지키지 않으면 크게 싸움이 날 수도 있다.

3. 시간 꼭 지키기

혹여 예정되었던 약속이 취소되거나 시간이 변동될 때는 반드시 기다리고 있는 물건지 부동산에 전화를 해야 한다. 방문 예약을 잡는 것이 어려운 집들이 있기 때문이다. 예를 들어 집주인분이 외출을 해야 하는데 집 좀 보여주고 외출하면 안 되겠느냐며 사정사정을 해서 예약을 잡아놓은 집도 있다. 이럴 때 시간을 지켜주지 않거나, 약속 시간이 한참 지나도 아무런 연락이 없다면 예약을 잡아놓은 부동산 입장이 굉장히 난처해진다. 손님들이 온다고 하고 안 오거나 약속 시간을 한참이나 지키지 않는 경우가 너무나 많은 것도 잘 알고, 그것이 부동산 잘못이 아니라는 것도 잘 알지만 공동 중개에서는 서로 간의 신뢰가 너무나 중요하기 때문에 이런 경우는 내 잘못이 아니더라도 꼭 사과해야 한다.

4. 공동 중개한 부동산이 나중에 나한테 접수되었을 때

공동 중개를 한 물건이 시간이 꽤 지났는데도 매매가 되지 않아 주인이 여기저기 전화를 돌려서 우리 사무실에도 매물이 들어오는 경우가 있다. 며칠 전에 다른 부동산과 안내했던 물건이 접수되었을 경우, 동네마다 조금씩은 다른데 우리 동네에서는 만약 공동으로 안내를 했던 그 손님이 계약을 할 때는 내가 임대인의 연락처가 있다고 해도 물건을 소개해준 부동산과 공동으로 계약을 해야 한다. 새로운 손님이 있을 때는 직접 집주인한테 연락해서 안내와 계약을 하는 것도 가능하다. 다만 이 과정에서 혹시 오해를 할 수가 있으니 기존에 공동으로 집을 봤던 부동산에 전화해서 언제 손님이 물건 접수를 하셨다고 전달해 놓아야 나중에 얼굴 붉힐 일이 없다.

5. 계약서 작성

공동 중개로 안내한 계약이 성사되었다면 보통은 물건지 부동산에서 계약서를 쓰는 것이 일반적이다. 이것은 보통의 이야기이고 정해져 있는 것은 아니라 물건지 부동산이 거리가 너무 멀거나 기타 부득이한 사유가 있을 경우는 서로 합의 하에 조율하면 된다. 중개 보수는 물건지 부동산은 매도 쪽에서 받고 손님 쪽 부동산은 매수 쪽에서 받는 것이 일반적인데 이 또한 별도로 협의할 수도 있다. 다만 이런 협의는 꼭 안내하기 전에 미리 조율을 해야 한다. 또 두 개의 부동산만 공동 중개를 하는 것이 아니라 여러 부동산이 같이 중개하는 경우가 있는데 '교통'이라고도 부른다(지역마다 부르는 명칭이 조금씩은 다르다). 서너 개의 부동산이 계약과 연결되어 있는 경우, 이때는 금액을 미리 협의하고 진행해야 한다. 간혹 손님이 계약한다고 하시면 그제서야 "이 물건은 매도 쪽에서 중개 보수가 안 나오는 물건이기 때문에 매수 쪽 중개 보수 반을 주어야 계약을 진행할 수가 있다"라는 이야기를 하는 경우가 있는데 이런 중개 보수에 대한 협의는 공동 중개를 시작하기 전에 미리 반드시 협의해야 한다.

05

집중해야 할 손님, 피하는 손님

사무실을 찾아주시는 모든 손님에게 친절하고 최상의 서비스를 제공해야 하는 것은 맞지만 선택과 집중이 필요할 때가 있다. 어떤 손님에게 포인트를 맞추어 안내와 브리핑을 진행해야 하는지에 대해서 이야기하고 싶다. 처음에는 나를 찾아주는 모든 손님에게 똑같은 열정과 에너지를 쏟아내었고, 수많은 손님을 만나고 여기저기서 상처받고 깨지고 나서야 나만의 기준을 찾을 수 있게 되었다. 먼저 지금 당장 계약할 손님과 그렇지 않을 손님으로 따지는 것은 좋지 않다. 지금 당장 계약을 하지 않더라도 우리 부동산에 좋은 느낌을 받고 나중에 와서 계약할 수도 있기 때문이다. 그래도 지금 당장 사무실에 두 팀의 손님이 몰렸을 때 조금 더 집중해야 하는 손님과, 또 개인적으로 진행하지 않는 게 나은 손님에 대해 이야기해 본다. 손님을 가리는 것이 아니라 너무 많은 에너지를 뺏겨서 다른 상담이나 안내에 영향을 미치게 하는 손님이나 정신적으로 지치게 하는 손님은 피하는 편이 낫다.

집중해야 할 손님

1. 집을 매매하여 언제까지 집을 비워줘야 하는 손님

살고 있는 집이 매매가 되었거나 가계약금을 받아서 몇 월 며칠까지 집을 비워줘야 하는 손님들은 무조건 집을 구매하셔야 하는 분들이기 때문에 특히 신경 써야 하는데, 물건을 추릴 때도 그 날짜에 맞는 물건을 추려야 한다. 날짜도 맞지 않은 물건이 괜히 마음에 들었다가 이도 저도 아니게 손님을 놓치는 경우가 있기 때문이다.

2. 이직이나 발령으로 급하게 이사해야 하는 손님

이런 분들은 타 지역에서 이사를 오게 되면서 지역에 대해서 관련 정보가 없는 경우가 많다. 알고 있는 지역 정보가 없기 때문에 부동산의 이야기에 비중을 많이 두는 편이다. 예전에 근무지 이동으로 우리 동네로 이사 오게 된 손님에게 집을 중개한 적이 있었는데, 이사 일정이 매우 타이트했고, 자녀분의 초등학교 입학 일정과 맞추느라 전화로 방의 개수, 욕실 개수를 확인하시더니 일단 가계약금부터 넣었다. 전세가 워낙 귀한 시즌이었고, 매물이 나오자마자 집을 보러 오겠다는 예약이 줄줄이 잡히는 상황이었다. 몇 주 뒤에 이사 트럭과 함께 내려와서 정식 계약서 작성과 이사를 동시에 했다. 계약을 진행하면서 혹여나 손님이 집을 마음에 들어 하지 않으면 어쩌나 마음 조마조마했지만 손님은 오히려 전세가 없어 너무 걱정했다며 언제까지 이 동네에 전입이 되어야 아이가 초등학교를 이쪽으로 배정받을 수 있는데 정 안 되면 짐

보관을 하고 단기 방이라도 구해서 가족끼리 머물 뻔했다며 거듭 고맙다고 했다. 이렇게 급하게 부서 이동을 하거나 아이가 첫 입학을 할 때 부모들은 긴급하게 움직이기 마련이다. 그래서 학교를 다니는 아이가 있는 경우는 아이 나이를 체크하는 것도 중요한 팁이다. 이런 손님들은 꼭 놓치지 말아야 한다.

3. 신혼부부

예식 날짜가 잡혀있는 신혼부부는 전세든 매매든 꼭 계약을 해야 하는 상황이다. 요즘은 결혼식 몇 달 전에는 신혼집을 잡아서 그쪽으로 신혼가구를 들이는 경우가 많기 때문에 경우에 따라서는 두 달 전~1년 전에도 미리 집을 구하는 경우가 많다. 신혼부부 고객들은 대부분 집을 구매해 본 경험이 없고 내가 뭘 보아야 하는지 모르는 상태인 경우가 많다. 생전 처음으로 부동산 사무실을 방문해 보는 경우도 많고, 어색해서 쭈뼛거리는 태도가 구매 의사가 없어 보이기도 한다. 이런 신혼부부 역시 꼭 집을 구해야 하는 사람들이기 때문에 너무 어려 보인다는 이유로 퉁명스럽게 대하지 않아야 한다.

지금 당장 계약하지는 않을 손님

1. 입주 시기가 확실하지 않은 손님

예를 들어서 아직 집이 팔린 건 아니고 집을 팔고 와야 한다는 손님들은 거주하고 있는 부동산이 언제 매매가 될지 확실하지 않기 때문에 지금 당장 매매로 연결되기는 어렵다. 하지만 적정가격에 집을 내놓는다면 언젠가 집을 팔릴 것이기 때문에 지금 당장 좋은 이미지를 심어두는 것이 좋다. 잠시 구조를 보러 왔을 때도 친절하게 대해준다면 나중에 집이 팔렸을 때 우리 부동산을 먼저 찾아주는 경우가 많다.

2. 경공매를 하는 손님

부동산 소재지 인근에 어떠한 경매 물건이 나와 있는지에 대해서는 항상 파악하고 있어야 한다. 투자의 한 방법으로 부동산 경매를 하는 투자자 또한 많은 편인데, 인근에 경매 물건이 하나 뜨면 전국에서 매수자인 척하고 같은 평형대의 비슷한 매물을 볼 수 없는지에 대한 전화가 쏟아지듯 걸려온다. 이때 주변에 어떤 경매 물건이 나와 있는지에 대한 이해도가 없으면 "요즘 따라 이 아파트를 찾는 사람이 많네, 이렇게 많이 보러 오는데 계약이 많이 되었으면 좋겠다" 하는 헛된 희망만 품게 된다. 슬프게도 경매로 집을 낙찰받을 사람들은 부동산에서 집을 거래할 생각 자체가 적은 경우가 많다. 그냥 매수자인 척 경매 물건과 동일한 평형대의 내부를 미리 보려 하는 것일 뿐이다. 헛된 희망과 시간을 뺏기지 않으려면 인근에 어떠한 경매 물건이 나와있는지 반드시 파악하고 있어야 한다. 낙찰금액이 어떻게 되었는지 입찰을 얼마나 했는지도 파악해 보는 것이 좋다. 외부 사람들이 이 지역을 어떻게 평가하고 있는지 알 수 있기 때문이다. 이런 경매 투자자들은 자신이 실수요자인 것처럼 위장하고 오는 경우가 대부분이지만 물어보는 질문이 거의 다 비슷하기 때문에 금방 눈치챌 수 있다. 하지만 이런 손님들도 경공매를 하면서 그 주변의 입지와 아파트에 대해서 공부하고 분석하는데, 급매물 정도로 투자해도 괜찮다는 판단이 들면 일반 부동산을 통해서 매매를 하기도 하기 때문에 투자자라고 해서 선입견을 가지고 홀대할 필요는 없다. 하지만 모르고 끌려다니는 것보다는 이런 사정을 알고서(경매를 하러 왔구나) 상담을 하는 편이 낫다.

피하는 손님

1. 다짜고짜 주소를 달라는 손님

다짜고짜 중개 대상물의 주소를 알려달라는 손님들이 있다. 많은 공인중개사가 동감하겠지만 이런 손님은 계약을 할 확률이 높지는 않다. 최소 사무실로 방문 정도는 하는 성의를 보이는 손님들이 계약 확률이 훨씬 높기 때문에 다짜고짜 주소만 알려 달라는 손님은 좋은 말로 사무실로 불러내어야 한다. “바로 물건지 인근이 저희 사무실이니 오셔서 저랑 맛있는 차 한 잔 드시고 같이 보러 가시죠?” 등의 자연스러운 제안으로 손님을 불러낸다. 특히 해당 중개 대상물에 주인이 직접 거주하는 경우는 지번만 알아가 놓고는 직거래를 시도하려고 하는 손님도 있다.

2. 지금 당장 나와 달라는 손님

처음 부동산을 시작했을 때는 이런 손님들의 전화에도 무조건 바로 튀어 나가 안내를 나갔다. 하루 일정을 모두 마치고 지친 몸을 이끌고 퇴근해서 씻고 나와 잠옷으로 갈아입자마자 전화벨이 울린다. "5분 뒤에 어디 아파트에 도착하니 지금 당장 집을 봐야겠다"라는 식으로 말하는 손님들이 은근히 많다. 설날이나 추석 당일에도 이런 손님들이 있었다. 설날이나 추석당일에는 부동산 중개업소도 휴무가 않을까 하고 생각하는 것이 일반적이고, 부득이하게 꼭 그날에 일정을 잡아야 하는 사람이라면 며칠 전에 미리 전화해서 중개 사무소와 방문해야 할 집에 양해를 구해달라는 말부터 먼저 하는 것이 통상적이다. 이런 손님들은 휴일이나 한밤중의 늦은 시간에도 아무 거리낌 없이 몇분 뒤에 어디에 도착하니 지금 당장 나와라, 부동산에 휴일이 어딨느냐고 말하곤 한다. 처음에는 밥 먹다가도 달려가고 이른 아침에 출근 준비를 하면서 샤워를 하다가도 손님이 오래 기다릴까 봐 뛰어가곤 했다. 결론적으로 계약이 이루어진 경우는 아주 적었다.

3. 정말 한 번 보러 오는 손님

요즘은 취미가 부동산 투어라고 말하는 사람들이 있다. 부동산을 돌아다니면서 집을 보러 다니면서 자신의 견문을 넓힌다는 것이다. 내 직업이 부동산이 아니라면 별생각이 없을 텐데 밥벌이로 부동산 중개 일을 하다 보니 뭐라 말하기가 참 그렇다. 언제까지나 취미 생활이기 때문에 부동산을 볼 때도 너무나 성의 없는 경우가 많다. 주말같이 모두가 쉬어야 하는 날 집주인에게 사정사정해서 집을 볼 수 있도록 예약을 잡아놨는데 알고 보니 취미로 집 구경 왔다는 말을 집주인 앞에서 하는 경우도 있어 너무나 민망할 때도 있다. 이런 손님한테 에너지를 많이 쏟을 필요는 없다. 다른 사람의 취미 생활에 없는 시간을 강제로 동원할 필요는 없다.

4. 무례한 손님

아무리 손님이 왕이라고 하지만 무례한 손님은 진행하지 않는다. 인격적으로 존중받지 못한다는 느낌의 손님과는 계약을 해도 잔금까지 내내 고통이기 때문이다. 인간적으로 미성숙한 사람과의 계약은 아무리 중개 보수가 높은 매물이라도 진행하지 않고 있다. 받게 될 중개 보수보다 내가 받을 정신적 충격이 더 크기 때문이다. 부동산 잔금 기간은 한 달에서 석 달 정도 걸리는 것이 일반적이기 때문에 그 긴 시간 동안 생명이 야금야금 깎여나가는 기분이다. 이 또한 수도 없이 많은 계약을 진행하면서 알게 되었다. 내가 참아야지 하는 생각에 무례함을 참고 꾸역꾸역 계약을 진행했다가 후회한 적이 한두 번이 아니다. 입에 담지 못할 욕설을 내뱉은 사람들도 있었고, 물리적 폭행을 가하려고 손을 올리고 소동을 피워서 경찰을 부른 적도 있다. 세상에서 아무리 돈이 중요하다 하지만 나 자신보다 중요한 것은 없다. 상처받아 마음이 아프고 텐션이 떨어져서 오히려 다른 손님에게 좋은 상태로 안내를 하지 못할 확률이 높기 때문에 나를 다치게 하는 무례한 손님은 절대로 진행하지 않는다.

06

돈은 따라오는 것

나는 돈을 주된 목적으로는 일하지는 않는다. 물론 당장 하루하루를 살아가려면 돈이 필요한 건 사실이다. 닭이 먼저인지 계란이 먼저인지 하는 단순 말장난 같지만, 그래도 나는 돈보다는 일이 재밌고 신나기 때문에 부동산 중개를 하고 있다. 돈만을 목적으로 일을 하면 순간의 큰돈에 혹해서 잘못된 판단을 할 수 있다. 부동산 중개를 하는 공인중개사는 눈앞에 워낙에 큰돈이 왔다 갔다 하는 직업이기 때문에 사방에 유혹이 널려있다고 해도 과언이 아니다. 한 번의 잘못된 생각으로 손님에게 큰 피해를 입힐 수도 있다. 이렇게 말하면 금전에는 아무 흥미가 없는 무소유를 추구하는 사람 같겠지만, 아이러니하게 나는 또래에 비해서 조금 더 여유로운 지금이 좋다. 왜냐하면 작은 돈에 일희일비하게 되지 않기 때문이다. 큰 금액의 돈이 눈앞에서 왔다 갔다 해도 나는 내가 생각하기에 가장 현명한 판단을 할 수 있다, 나의 목적이 돈만이 아니기 때문이다. 아무리 큰 계약의 성사를 코앞에 두고 있어도 업 계약서나 다운 계약서에 흔들리지 않는다. 결정적인 순간 어떤 유혹에도 혹하지 않는 견고한 가치관이 자리 잡고 있지 않기 때문이다. 마음에 튼튼한 나무 한 그루를 심어야 한다. 이런저런 거친 바람이나 세상의 달콤한 말에 흔들리지 않는 뿌리 깊은 나무여야 한다. 큰돈을 움직이는 우리 직업일수록 마음속에 심은 뿌리 깊은 나무가 필수적으로 필요하다고 본다.

돈은 자연스럽게 따라온다

손님께 만족스러운 물건을 보여드리고 계약을 마무리하면 통장에 돈이 들어왔다. 가끔은 너무 정신이 없어서 통장에 얼마가 들어왔는지 체크하지 못할 때도 있다. 바쁠 때는 눈뜨자마자 몸을 씻고 머리를 채 말릴 시간이 없어 젖은 머리카락에서 물을 뚝뚝 떨어뜨리며 사무실로 달려가 일을 하곤 한다. 정말 바쁜 날엔 아침, 점심, 저녁 한 끼도 먹지 못하고 뛰어다닐 때도 많다. 일 중간에 화장실 갈 시간이 없을 것 같아 물먹는 것도 조심스러울 때가 있다. 차곡히 밀려있는 예약 손님들을 앞에 두고 화장실 좀 갔다 오겠다며 잠시 사라질 수는 없는 일이니 말이다. 그렇게 식도가 메마른 상태로 브리핑을 하다 보면 목구멍이 꺼끌꺼끌한 것이 느껴지곤 했다. 일에 지친 몸을 이끌고 집에 돌아오면 종일 뛰어다니느라 퉁퉁 부은 다리를 껴안고 소파에서 잠들기 일쑤였다. 어느 날은 핸드폰을 충전하려 충전기 선을 꽂으면서 잠든 적도 있다. 눈을 감았다 떴을 뿐인데 하루가 지나있어 부리나케 씻고 젖은 머리를 채 말리지 못하고 뛰어다니는 하루를 반복한다. 이렇게 육체적으로 바쁜 것은 그래도 견딜 만한데, 심적으로 바쁜 것은 더 고역이다. 이렇게 치열한 하루하루를 지내다 보면 대체 내가 지금 얼마를 벌고 있는지 모를 때가 많다. 어떤 일에 뜨거운 열정을 가지고 앞으로 나아가고 있다면 분명 돈은 따라오게 되어 있다(다만 돈을 쓸 시간이 없다).

일을 정말로 사랑하는 경험을 해볼 것

무슨 취미 생활이든 쉽게 싫증 내는 내가 정신없이 몇 년째 폭 빠져 있는 대상은 부동산 중개 일이다. 일을 하면 할수록 부동산 중개 일이 정말로 재밌고, 더더욱 좋아졌다. 그러다 보니 더 잘하고 열심히 하고 싶어 일에 미친 듯이 빠져 살게 되었다. 말 그대로 찐한 사랑에 빠져버렸는데(적합한 단어를 사랑이라고 밖에 하지 못하겠다) 나의 사랑은 나를 정말 많이 울리기도 하고 마음을 상하게도 했다. 그래도 나는 나의 일인 부동산 중개를 사랑한다. 받아주지 않는 야속한 짝사랑을 하는 기분이다. 이렇게 일과 사랑에 빠지는 경험을 모든 사람이 겪어봤으면 좋겠다. 평생 살면서 단 한 번은 말이다. 사랑에 빠지면 그렇다. 두 눈엔 아무것도 보이지 않고 사랑에 빠진 상대만 생각한다. 누가 뭐라고 해도 사랑하는 사람이 제일 좋아 보인다. 다 멋지고 사랑스럽다. 나에게 부동산 중개 일이 그렇다. 이렇게 일에 빠져 사는 기분은 정말 즐겁다. 친구들은 결혼을 해서 아이가 두어 명씩 있고 그 아이들이 벌써 갓난아이에서 어린이가 되어가고 있다. 누군가는 나한테 결혼도 안 한다며 이기적이라는 말을 하기도 하고, 또 다른 누군가는 연애나 결혼에 별 뜻이 없어 보인다는 말을 한다. 내가 연애나 결혼보다 일을 선택한 이유는 일이 가장 재미있기 때문이다. 일과 사랑에 빠지는 것은 내가 여태까지 경험해 본 것들 중 가장 짜릿하고 기분 좋은 경험이었다고 자부한다. 나의 사랑이 나를 배신해도 나는 일을 끔찍하게 사랑한다.

07

손님에게 소개하기 전에 스스로 납득하기

상가, 수익형 호텔의 경우가 그렇다. 부동산 사무실에 앉아있으면 많은 업체들이 홍보용 책자를 들고 와서 본인들의 상품을 설명한다. 몇 년 전에 반짝 유행했던 수익형 호텔부터 시작해서 유망업종이 입점되어 있다는 상가 분양까지 수많은 전단지와 홍보물을 들고 찾아온다. 몇 년 임대 확정, 수익률 몇 프로라는 화려한 내용을 보고 있으면 은행이자와 비교해 봤을 때 혹하지 않을 수가 없다. 우리 사무실은 대기업 앞에 위치하고 있다. 그래서인지 정말 다양한 업체에서 홍보자료를 들고 찾아온다. 업체들이 하는 말은 투자처를 찾고 계시는 손님이 있다면 드라이브라도 할 겸 손님을 모시고 한번 나와 보라는 것이다. 모든 설명을 본인들이 하고 거래 성사율 또한 높으니 바람 쐴 겸 나와서 거래를 성사시키고 높은 MGM(Members get member, 분양수수료라고 생각하면 이해가 쉽다.)을 받아 가라고들 한다. 일전에 인근 신도시에서 우리 사무실까지 몇 번이나 찾아온 분양팀이 있었다. 커피를 사들고 찾아와 노후대비 투자처로 이만한 게 없다며 손님 모시고 오는 것을 몇 번이나 부탁하였다. 내가 홍보물을 봤을 때는 몇 년의 임대료 수입을 확정하여 보장해 준다는 것도, 그 엄청난 수익률조차 잘 이해가 되지 않았다. 그래서 아예 쳐다보지도 않았는데 어느 날 왜 이렇게 손님을 데려오지 않냐며 홍보팀에서 다시 한번 사무실에 방문을 했다. 지금 말씀하신 수익구조가 잘 이해가지 않는다고, 내가 이해를 못 했는데 누구한테 소개할 수 있겠냐고 했더니 수익구조에 대한 명확한 답변보다는 어디 부동산의 누구 대표가 누굴 데려와서 계약을 하고 얼마를 받아 갔다느니 이런 장황한 이야기만 줄곧 늘어놓으며 날 답답한 사람 취급하였다. 쉽게 돈을 벌 수 있는 기회인데 뭘 망설이냐는 것이었다. 내가 아무런 반응이 없자 점차 연락은 뜸해졌고 그 불투명한 수익구조에 대한 생각이 아주 잊혀가고 있을 때쯤 뉴스에 기사가 떴다. 고수익이며 완벽한 노후대비용 투자처라고 홍보자료를 들고 오던 그 건물이 상가 분양사기로 뉴스에 나오고 있었다. 접수되어 있는 고소장만 260장이며, 피해액은 700억이라고 했다. 어마어마한 피해 내역이었다. 피해자들은 대체로 노후자금과 집 담보대출을 받아 편안한 노후를 꿈꿨던 사람들로 상당수가 70대 전후의 노인이었다. 높은 이율로 허위 분양광고로 투자자를 모았던 사기방법 이었다. 가격대가 높은 상가 분양인 만큼 피해액도 최소 1억에서 5억부터로 피해 규모도 컸다. 퇴직을 얼마 앞두지 않은 대기업분들이 평생을 모아둔 노후자금과 퇴직금, 그리고 담보대출까지 끌어모아 투자하고 있다는 홍보인의 얼굴이 눈앞에 아른거렸다. 안타깝기만 했다. 요즘 같은 시대에 그렇게 높은 수익률을 보장해 준다는 말에 수없이 많은 사람이 전 재산이나 다름없는 돈을 밀어 넣었다.

또한 기획부동산도 그렇다. 기획부동산에서 근무하는 사람들은 내가 판매하고 있는 땅이 정말 좋은 땅이라는 생각을 하고 거래를 하는 경우가 많다고 한다. 부동산에 대한 관련 지식이 조금만 있어도 건축허가나 개발행위가 불가능한 땅이라는 것을 알 수 있었을 텐데 참으로 안타까운 일이다. 그렇게 좋은 땅이라 하니 본인 돈이 되는 만큼 사놓기도 하고, 주변 친한 사람들에게 권유를 하기도 한다. 어느 날 한 어머님이 사무실을 찾아오셨다. 남편이 일찍 세상을 떠나고 전 재산에 해당하는 돈을 지인이 추천하는 땅에 투자를 했다고 한다. 인근의 토지도 아니었고(만약 인근의 토지라면 상추라도 심을 수 있을 텐데 말이다) 경기도 외곽에 도로에 접하지 않은 맹지를 수십 명의 공유 형태로 가지고 있었다. 정말 친한 친구의 소개로 이 땅만 가지고 있으면 평생 가난하게 살 일은 없을 거라며 친한 사이라 소개해 주는 거라는 말에 기분 좋게 땅을 구매했다고 한다. 이런 것을 볼 때마다 돈 앞에 의리도 친구도 없는 세상이다 싶다.

이런 이야기로 또 빼놓을 수 없는 게 수익형 호텔 분양이다. 한참 말이 많았던 수익형 호텔 분양도 결국에는 높은 수익률을 보장했다가 예상처럼 호텔이 잘 운영되지 않아 운영업체는 흔적을 감춰버렸고 그 피해는 대출까지 끌어모아 달콤한 임대료를 꿈꿨던 분양자들만 겪게 되었다.

부동산 사무실에 앉아있으면 이런 류의 달콤한 유혹은 시도 때도 없이 찾아온다. 내가 정말 몰라서일 수도 있고, 순간의 큰돈에 급급해 흐린 눈이 되기 때문에 더 이런 일이 많이 발생하는 듯하다. 달콤할수록 조심해야 한다. 우리는 공인중개사이다. 다른 사람의 전 재산을 왔다 갔다 하게 하는 사람들이다. 나는 어떤 물건을 투자처로 찾는 손님이 오면 나라면 여기에 투자하겠느냐라는 질문을 스스로 던진다. 그래서 사실상 수익률 보장이나 부동산에 지급되는 MGM이 아무리 높아도 웬만해서 소개하진 않는다. 내 돈만큼 타인의 돈이 소중하기 때문이다. 누구나 혹할 만큼의 수익구조와 거액의 MGM을 제공한다는 것에 대한 내용을 뜯어보면 의아해지는 내용이 많다. 조금만 날카로운 질문을 퍼부으면 그에 대한 적합한 답변이나 알맹이는 하나도 없다. 나는 이런 기사를 볼 때마다 사람들은 말도 안 되는 큰돈에 너무나 쉽게 혹한다는 사실을 다시 한번 실감한다. 세상에는 좋은 투자 상품이 많기도 하다. 하지만 보기에 너무 좋아 보이는 것이 일반인인 나에게까지 기회가 오지 않는 경우가 대부분이고, 나에게까지 오픈된 정보는 절대 비밀이 아니다. 그리고 돈이 몰리는 곳에는 항상 사기꾼이 있다. 만약 내가 높은 MGM에 혹해 손님을 모시고 가서 그 상가를 여럿 분양받도록 했다면 어떻게 되었을까. 내가 일정 금액을 벌자고 다른 사람을 길바닥에 나 앉히게 하고는 평생 동안 발 뻗고 잘 수는 있을까.

나는 이렇게 돈을 쉽게 번다는 이야기를 듣고는 손님에게 떠벌리고 있는 사람들을 보면 정신 차리라고 말하고 싶다. 절대 돈을 쉽게 버는 방법은 없다는 것을 다시 한번 명심했으면 좋겠다.

08

공부하자

투자

요즘 사람들은 부동산 투자에 정말 관심이 많다. 투자 스터디가 많아지고 부동산 투자가 대중화되어서 요즘은 집을 구하러 다니는 신혼부부보다 자칭 투자자라며 집을 보러 다니는 사람들이 더 많은 거 같다. 이제는 부동산 거래에서 투자자가 신혼부부나, 대학가의 신입생들처럼 한 분류의 구매층으로 자리 잡았다는 생각이 든다. 투자의 종류도 다양하고 유행이 있다. 투자자들은 변화하는 법적 규제 내에서 가능한 투자의 방법을 찾아내기 때문에 투자의 방법도 매번 바뀌기 마련이다. 한때는 지방의 연식 있는 아파트를 몇십 채에서 몇백 채씩 저렴하게 매입하며 월세를 받는 투자가 유행이었던 적도 있고, 오래된 빌라 투자, 지방의 분양권투자, 공시지가 1억 이하의 법인 투자 등 투자의 트렌드는 매번 변화한다. 나는 부동산투자에 대한 순위권에 있는 책들은 웬만하면 다 읽어보려고 한다. 투자자들이 지금 당장 어떻게 움직이고 있는지 알아야 부동산 중개업소에서 광고를 어떤 식으로 진행해야 하는지와 더 효율적인 마케팅 방법에 대해 고민해 볼 수 있기 때문이다. 항상 새롭게 변화하고 있는 투자 트렌드를 잡아내야 한다.

나는 투자자들을 꼭 잡으라고 말하고 싶다. 투자자들은 구매 결정하는 과정이 일반인에 비해서 조금 더 빠른 경우가 많다. 그리고 집을 결정하는 기준도 일반 구매자보다는 조금 더 여유로운 편이다. 급매물을 사서 예쁘게 단장한 후 전세나 월세를 주는 것이 일반적이기 때문에 매매 거래 후에도 독점적으로 임대 매물을 보유할 수도 있다. 투자자라고 해서 절대 꺼리거나 색안경을 끼고 볼 필요는 없다. 예전에는 투자자라고 하면 부동산에서 물건을 제대로 보여주지 않거나 꺼리는 경우가 많아 투자자임을 속이고 매물을 보러 다니는 사람도 많았다. 하지만 지금은 투자자란 단어가 하나의 구매층으로 자리 잡았다. 그리고 투자자들은 특성상 같이 스터디를 하는 사람들이나, 같은 투자 학원에 다니는 사람들끼리 조를 맞춰서 같이 오는 경우가 많아서 한 번의 안내로 여러 건의 계약을 만들어 낼 수도 있다. 이렇게 새로운 구매계층으로 떠오른 투자자를 잡기 위해서는 새로운 투자 트렌드를 잡아내고 공부해야 한다. 예를 들어 공시지가 1억 이하의 매물로 법인 명의로 구매하는 것이 유행이라면 우리 공인중개사들은 법인 계약의 실거래 신고 방법(법인 주택 구매서, 자금조달계획서의 작성 방법)에 대한 이해도 있어야 한다. 또한 법인 명의로 구매한 집을 전세로 세입자를 받을 때 법인 명의의 부동산이 전세자금 대출을 받으려면 어떤 서류가 필요한지에 대한 이해도 있어야 한다(법인 명의의 부동산에서 전세자금 대출을 받으려면 사업자 등록증에 '부동산 임대업'에 대한 내용이 기재되어야 하고 법인인감증명서와 매수인 명의의 계약서도 추가로 제출해야 한다는 데 대한 공부가 필요하다. 담당 은행마다 약간씩은 다를 수 있다).

대출, 세금

요즘은 대출과 세금이 정말로 많이 변화하고 있다. 뒤돌아서면 바뀌었다는 말이 이럴 때 쓰이는 말인 듯하다. 알고 지내는 대출상담사 분은 일 잘하기로 유명한 분인데 정책이 너무나도 바뀌는 탓에 손님들이 대출상담을 받을 때와 실제 대출을 받으러 왔을 때의 대출 정책이 바뀌어 예상했던 금액보다 대출이 적게 나오거나, 대출 자체가 안 되는 경우를 최근에 많이 보았다고 한다. 집을 매매하려고 내놓을 때 대출에 대해서 상세하게 상담을 하고서 그 말을 철석같이 믿고는 기존의 집을 팔고 새로운 집을 매수했으나, 부동산이라는 게 하루에 쉽게 매매할 수 있는 것이 아니고 한 세대의 이사가 걸려 있다 보니 진행 속도가 보통 1~3개월 걸리는 것이 일반적이다. 그 사이의 정책 변화로 대출 불가 통보를 받고 이러지도 저러지도 못하고 계약금만 날리게 되는 경우도 수도 없이 많다고 한다. 대출을 전문적으로 하는 사람들도 그런데 공인중개사의 입장에서 절대로 대출에 대해서 확답을 하거나 얕은 지식으로 상담을 하는 것은 조심 또 조심해야 한다. 금액의 크기가 큰 부동산의 특성상 손님의 재산상 크나큰 피해를 입힐 수 있기 때문이다. 하지만 기본적인 뼈대는 알고 있어야 한다. 아무리 세금이나 대출에 대해서 관여하지 않는다고 하더라도 변화하는 대출과 세금에 대해서는 기본적인 윤곽은 알고 있는 것이 좋다. 대출상담사처럼 모든 대출 상품에 대해서 공부하지는 않더라도 언제부터 어떤 제도가 시행이 되는지 알아야 한다. 요즘은 인터넷에 수많은 정보가 있다. 간단한 검색으로 클릭 몇 번만 하면 내가 원하는 답변들이 나오는 시대이다. 그에 따라 손님들의 수준도 굉장히 높아졌다. 그런 손님들과 막힘 없이 대화하려면 반드시 기본 줄기는 알고 있어야 한다. 변화하는 대출과 세금에 대해서는 항상 체크하자. 하지만 거듭 당부하지만 해당 분야의 전문가가 아닌 우리가 절대로 확언을 해서는 안 된다.

협상과 대화의 스킬

공인중개사가 실무에서 가장 많이 하는 일은 손님들과의 밀고 당기기이다. 나는 부동산을 시작하고 협상에 대한 책을 정말 많이 읽었다. 사실 일을 하다 보면 자연히 쌓이게 되는 것이 협상 능력이지만 더 잘하고 싶은 마음에 지금도 협상에 대한 책은 꾸준히 읽고 있다. 계약을 진행하면서 생기는 많은 문제들을 컨트롤하려면 협상 능력이 필요하다. 일을 하다 보면 분위기와 기세를 읽게 된다. 계약을 잘 컨트롤하려면 이 기세를 잘 잡아야 한다. 눈으로 보이지는 않지만 기세라는 것이 분명히 있다. 분명 같은 내용을 조율하면서도 양쪽에서 이 정도면 좋은 계약이야. 원하는 요구사항이 수용되었다고 생각하는 계약이 있고 똑같은 상황에서도 뭔가 불만스럽고 석연치 않은 계약들이 있다. 나는 계약을 진행할 때 매도인도 매수인도 승자가 될 수 있는 계약을 목표로 한다. 최대한 기분 좋게 계약의 마무리까지 이끌려고 노력한다. 매도인도 이 정도면 잘 팔았다, 기분 좋게 집 매매를 했다는 생각이 들고 매수인도 이 정도면 정말 잘 샀다, 좋은 집을 기분 좋게 매매했다는 생각이 들 수 있도록 최선을 다한다. 그래서 계약을 조율할 때 매도인의 이야기와 매수인의 이야기를 절대 100퍼센트 전달하지는 않는다. 돈에 관련해서는 사람들이 평정심을 유지하기보다는 순간의 감정이 앞설 때가 많다. 그 찰나의 감정을 그대로 전했다가 잔금 기간 내내 서로 섭섭하고 꽁한 마음을 가질 수도 있기 때문이다. 과격한 말을 전달받더라도 그대로 전하기보다는, 좀 더 매끄럽고 기분 상하지 않는 단어들로 중간에서 순화하여 전달한다. 단순히 집을 보여주고 계약서를 쓰는 것이 우리 공인중개사가 하는 일이라고는 생각하지 않는다. 공인중개사는 계약의 처음부터 마지막까지의 모든 과정을 유연하고 융통성 있게 끌고 가는 것을 가장 중요한 목표로 한다. 그래서 항상 협상과 대화의 스킬을 공부해야 한다. 현장에서 수도 없이 양쪽을 컨트롤하다 보니 협상적인 부분이 성장하지 않을 수는 없는 거 같다. 그래도 조금 더 유연하게 처리할 수 있는 방법이 없을까 싶어 공부한다.

업무에 대한 공부

보통 부동산 중개 일은 가장 접하기 쉬운 주거용 부동산으로 시작하는 것이 일반적이다. 똑같은 공부를 하고 똑같이 시험에 합격해서 공인중개사 자격증을 취득한 사람들이지만 주거용 부동산만 접해본 공인중개사들은 상가, 토지라고 하면 지레짐작하여 겁부터 먹는 경우가 많다. 상가와 토지는 복잡하다는 생각에 매수 의향이 확실한 손님을 놓치는 경우도 심심치 않게 보았다. 평생을 주거용 부동산만 할 예정이라면 상관이 없겠지만 상가나 토지에 조금의 뜻이 있는 경우라면 관련 지식에 대한 공부를 놓아서는 안 된다. 내가 조금이라도 알아야 매수나 임대를 희망하는 손님이 왔을 때 응대를 할 수 있기 때문이다. 손님은 내가 관련 지식에 대한 공부를 모두 마쳤을 때까지 기다렸다가 오질 않는다. 손님이 사무실에 찾아와 50평대 상가주택을 지을 용도로 땅을 구매한다고 한다면 최소한 내가 소개할 땅에 상가주택 건축이 가능한지, 몇 평대의 상가주택을 지을 수 있는지 정도는 알아야 손님에게 브리핑을 할 수 있지 않을까? 금액대가 높고 거창한 계약을 성사할 때만 관련 분야의 지식과 정보들이 필요한 것이 아니다. 동네 어르신이 지나가다 부동산에 내놓으신 조그마한 땅을 분석하는 일도 그렇다. 해당 매물이 매물장에 접수된다고 하더라도 뭘 알아야 이 땅을 어떤 용도로 소개하는 게 적당한지에 대해서 알 수 있다. 나도 관련 분야의 지식을 시간이 허락할 때마다 야금야금 늘리고 있다. 서점에서 도로나 토지에 대한 책들을 주기적으로 검색해서 죄다 구매해놓는다. 이런 류의 서적은 판매량이 많지 않아 시간이 지난 후에는 구매하기가 힘들뿐더러 절판된 뒤에는 재발간이 어렵다. 또한 판매량이 워낙 적기 때문에 중고 서점에서 구하는 게 하늘에 별 따기다. 그래서 나는 관련 분야의 책은 죄다 구매해놓는 편이다. 지금은 초보라서 주거용 부동산만 하지만 나중에는 상가도, 토지도 계약해 보고 싶은 공인중개사는 절대 업무 지식에 관한 공부를 놓아서는 안 된다.

09

중개 사고를 조심 또 조심하자

부동산 실무를 접해보거나 접해보려 하는 사람이라면 '중개 사고'라는 단어가 주는 공포를 잘 알 것이다. 보통 중개 사고는 딱 한 번 간과하고 넘어갈 때 일어난다. 부동산 중개를 하면서 등기사항증명서를 확인하지 않고 계약을 진행한다는 건 말 그대로 있을 수 없는 일이다. 모든 공인중개사가 가계약금을 진행하기 전 등기사항증명서상의 명의인과 가계약금을 입금할 계좌주가 일치하는지 확인하고, 해당 부동산에 소유권 이전에 문제가 없는 물건인지 확인한다. 전세의 경우 대출내역과 선순위 보증금을 꼼꼼히 확인하고 임차인에게 명의인의 계좌번호를 고지한다. 업무시간 중에는 누구나 철두철미하게 확인하지만 문제는 계좌를 주고받는 상황이 업무 시간에만 일어나는 일은 아니다.

아는 대표님은 늦은 밤 친구들이랑 식사 겸 반주를 하고 있었다고 한다. 안내가 늦게 끝나는 바람에 저녁을 드시지 못했고 오랜만에 만난 친구들과 소주잔을 기울이고 있는데 손님이 오늘 본 집을 계약하고 싶다고 연락이 왔다. 요즘은 핸드폰 앱으로도 등기사항증명서 발급이 가능하지만 연세가 많은 분이라 핸드폰으로 등기사항증명서를 발급할 수 있다는 사실을 전혀 몰랐고, 사무실까지는 거리가 좀 있는 편이라 차로 이동을 해야 하는데 이미 소주 몇 잔을 한 상태였다. 대출이 전혀 없고 우리 집은 아무 걱정할 것 없다는 임대인의 말만 듣고 계좌를 받아 임차인에게 안내했고 200만 원의 가계약금이 들어갔다. 오늘 한 건 했다는 뿌듯함에 얼큰하게 한잔하고 다음날 출근을 해서 등기사항증명서를 확인해보니 이 건물은 전세입자들이 전세금을 돌려받지 못해 임차권 등기가 여럿 설정되어 있는 물건이었다. 가계약금을 진행한 계좌도 명의인 계좌가 아니었다. 임대인한테 전화를 하여 임차권등기가 설정되어 있다는 것을 왜 고지하지 않았냐고 했더니 대출 있냐고 물어봐서 대출이 전혀 없다고 하지 않았느냐는 답변만 돌아왔다. 왜 명의인 계좌를 주지 않았냐는 질문에는 아들 명의로 되어있지만 돈 관리와 건물 임대관리는 내가 도맡아서 하니 내 계좌로 입금 받는 것이 편하다는 것이었다. 계약을 진행할 수는 없는 건물이었다. 만약 전세 계약을 진행한다면 임차인이 나올 때 전세금을 돌려받지 못할 것은 뻔했고, 만약 해당 부동산이 경매로 넘어간다면 선순위 임대보증금이 높기 때문에 세입자가 배당받을 수 있는 돈은 아주 적었다. 이 사실을 알게 된 임차인은 노발대발하며 공인중개사에게 책임을 물었고, 뒤늦게 임대인에게 계약금을 돌려주면 안 되냐고 사정사정했지만 돌려주지 않아도 되는 돈이 아니냐면서 입을 싹 닦아버렸다. 어쩔 수 없이 임차인의 가계약금 200만 원을 공인중개사가 자비로 내주었다. 등기사항증명서만 확인했다면 일어나지 않을 일이었다.

이러한 사고는 방심하고 정말 딱 한 번 등기사항증명서를 확인하지 않았을 때 발생한다. 특히 저녁 때나 주말에는 인터넷등기소가 시스템 점검 중일 때가 참 많다. 만약 내 상황이 여의치 않아 등기사항증명서를 지금 당장 확인할 수 없다면 일단 멈추어야 한다. 눈앞의 계약을 욕심 부렸다가 중개 보수보다 훨씬 큰 금액에 대한 배상 책임을 질수 있다. 내가 들어본 중개 사고 중 가장 빈번하게 일어나는 유형은 회식을 하거나 가족 행사 중이라 정신이 없어 '이 정도는 괜찮겠지' 생각하며 등기사항증명서를 확인하지 않고 계좌를 넘길 때 일어난다. '설마 여기서 문제가 생기겠어'라며 무심코 딱 한 번 간과한 데서 사고는 일어난다. 그 딱 한 번이 사고로 이어진다는 것을 꼭 명심했으면 좋겠다.

중개 사고는 완전 초보보다는 어느 정도 일이 자리 잡았을 때 일어난다고 한다. 초보 때는 중개 사고의 두려움 때문에 항상 긴장하고 조심하지만 어느 정도 경력이 붙어 일에 여유가 생길 때 가장 중요한 것을 간과하기 때문이다. 계약에서는 초보든 경력자든 무조건 원칙을 따라야 한다. 아무리 경력이 많고 중개를 잘하는 경력자라고 해도 중개 사고에서 자유로울 수 없다.

각종 소송과 내용증명과 가까워지라

부동산 사무실을 운영하다 보면 소송이란 단어가 절대 먼 이야기가 아니라는 것을 알 수 있다. 손님들은 "그래 법대로 하자!", "소송하자!"라는 말들을 참 흔히들 하신다. 원활한 합의를 하는 것이 가장 좋지만 큰돈이 걸려있는 데다 감정까지 상한 경우 합의점을 찾는 것은 절대 쉬운 일이 아니다. 결국 합의점을 찾지 못해 매도인 매수인 소송이 진행되는 경우가 있는데 법대로 해! 라는 말에 정신이 혼미해지지 않으려면 소송의 절차에 대해서 어느 정도는 알고 있는 게 좋다. 매도인 매수인이 소송을 하면 해당 부동산을 거래한 중개사가 참고인 조사를 받기도 한다(나도 얼마 전에 처음으로 참고인 조사를 갔다 왔는데 웬만하면 겪고 싶지 않은 경험이었다). 이렇게 매도인과 매수인의 소송을 제삼자로서 지켜보기도 하지만 우리가 직접 소송의 당사자가 되기도 한다. 가장 빈번하게 일어나는 것이 중개 보수 청구에 대한 내용이다.

실제로 중개사 모임에 가면 꾸준히 나오는 이야기인데, 손님들은 계약이 성사되기 전에는 수고비로 얼마를 더 주겠다는 말을 많이 한다(이 말을 믿는 중개사는 없다. 그냥 내 집을 신경 써달라는 말로 이해하는 것이 좋다). 하지만 계약이 완성된 경우에는 중개 대상물 확인설명서에 기재되어 있는 중개 보수 금액을 보면서 뭐가 이리 많냐는 둥, 한 게 뭐가 있다고 이렇게 많은 돈을 가져가느냐 등등의 말을 하며 전혀 다른 사람이 되기도 한다. 나중에는 돈도 돈이지만 불쾌함과 속상함에 이를 갈며 소송을 진행하는 경우가 대부분이다. 지금 당장 형편이 빠듯하다거나 "죄송하지만 얼마 뒤에 드리면 안 될까요" 식으로 양해를 구하거나 금액을 협의하는 것이 소송으로 진행되는 일은 거의 없고, 계약 후 돈을 강탈해가는 사기꾼의 형태로 몰아세우니 더 화가 나는 것 같다. 우리가 중개 사무실을 운영하면서 알아야 하는 내용은 내용증명을 보내는 법, 민사소송, 소액재판 등이 있다. 중개 사무실을 운영하다 보면 언젠가는 분명히 겪게 된다. 운이 좋으면 소송까지 가지 않아도 내용증명을 보내는 것으로 상황이 마무리될 수도 있다. 하지만 내용증명은 법적 효력이 없기 때문에 이를 아는 사람은 눈 하나 꿈쩍하지 않을 수 있다. 만약 중개사가 각종 법적 절차를 너무 어렵게만 생각하면 더러워서 참고 말지, 하며 중개 보수는 중개 보수대로 못 받고 화병만 얻을 수 있기 때문에 이런 법적 절차에 대한 내용은 알아두는 것이 좋다. 요즘은 부동산 소송에 대한 책들도 많고 일반인이 이해하기 쉽도록 쉽게 잘 정리해 놓은 책들도 많으니 몇 권 구비해서 목차라도 살살 읽어두면 나중에 큰 도움이 된다. 물론 원활한 합의보다 좋은 것은 없다. 아무리 쉽게 승소할 수 있는 소송이라도 시간적, 정신적 에너지를 쏟아야 하기 때문이고 법원으로 가게 되면 중개사 또한 일정 부분 양보하는 판결이 나는 경우가 많기 때문에 좋게 이야기하는 것이 1순위라는 것을 꼭 기억했으면 좋겠다.

PART 5

공인중개사 마음 다스리기

01

겪다 보면 괜찮아진다

처음에는 일을 하며 수도 없이 마음을 다쳤다. 무례한 태도와 날카로운 말들, 매일매일 시도 때도 없이 싸우는 사람들 사이에서 멘탈을 잡을 수가 없었다. 중개사 모임에만 나가면 옆자리 사람들을 붙잡고 "저만 이렇게 힘든가요?", "왜 이렇게 힘들까요?", "언제까지 이렇게 힘들죠?", "어떻게 해야 이 스트레스에서 벗어날 수 있을까요?"라며 제발 답변 좀 해달라고도 했었다. 그러면 지긋한 대표님들은 그런 나를 보며 아직 멀었다며 그저 웃기만 했다. 일하기 시작한 초반에는 수시로 눈물을 흘렸다. 우는 날보다 안 우는 날을 찾는 것이 더 어려웠다. 아침에는 "다 잘할 수 있어!" 기합을 넣고 나와서는 오후 때부터는 점점 침울해지다가 자기 전에는 내가 이대로 버틸 수 있을 것인가 하며 구슬 같은 눈물을 뚝뚝 떨어뜨리며 잠들었다. 살면서 이렇게까지 많이 운 적이 없었다. 아무리 아침 출근길에 기합을 충전하고 나와도 거친 경상도 사투리의 고함 한 마디면 나는 정신이 까마득해졌다. 매 순간 작아질 수 없을 만큼 작아졌다. 나는 천성적으로 겁이 많고 싸움을 정말 싫어하는 사람이다. 막연하게 내가 판매에 소질이 있는 거 같으니 이 세상에서 제일 비싼 걸 팔아보자는 생각으로, 무작정 잘할 수 있을 거라는 객기와 자신감만 가지고 시작한 부동산이었다. 하지만 자신감만으로 해결할 수 있는 것은 아무것도 없었다. 사람을 상대하는 스킬, 말의 맵시 등은 한참을 더 다듬어야 했다. 여기서 말하는 것은 지식 부분이 아니다. 모르는 부분에 대해서는 책을 펼쳐보면 되고 꼭 알아야 하는 부분에 대해서는 달달 암기를 하면 된다. 중개사의 가장 중요한 능력은 매도자와 매수자의 의견을 어떻게 조율하고 그 과정에서 발생되는 갈등의 합의점을 만들어 그 상황을 어떻게 계약으로 이끌어내는가에 있다. 계약을 완성하는 과정에도 서로가 만족할 만한 계약을 이끌어내는 것이 중개사의 일이다. 한쪽만 무리하게 손해 보는 것이 아니라 서로 밀고 당기면서 매도인도 이 정도면 괜찮게 팔았다고 느끼고 매수인도 이 정도면 잘 산 거 같다고 이끌어낼 수 있는 것이 진정한 중개의 능력이라고 본다. 하지만 초보 때의 나는 갈등이란 갈등에 죄다 부딪혔으며, 조금만 융통성이 있다면 굳이 피할 수 있는 상황에서도 어버버하며 벌어지는 분쟁들을 정통으로 맞았다. 중간 역할을 잘 하지 못하니 매도인은 매도인대로 섭섭하다고 했고 매수인은 매수인대로 서운해했다. 매도인을 달래고 나면 매수인이 토라져 있었다. 힘들지 않을 수가 없었다. 매일 싸우고 매일 혼나는데 기분이 좋을 리가 없었다. 오랜만의 모임에서 친구들이 "요즘 어떻게 지내?"라는 평범한 안부 인사만 해도 눈물이 왈칵 쏟아지곤 하였다. 매일 기도하는 심정으로 일을 했다. 틈틈이 안면 튼 대표님들에게 얼마나 일하면 다 괜찮아지느냐고 끈질기게 물었다. 돌아오는 답은 똑같았다. 여전히 "아직 멀었다. 10년만 버텨라"였다. 한 가지 일을 10년간 꾸준하게 하면 전문가라고 했다. 그때까지만 버텨보자며 이를 부득부득 갈아가면서 버티기 시작했다. 물론 버티면서 수도 없이 넘어졌다. 마음속으로 수도 없이 때려치우는 것을 상상했다. 10년을 버티다가 피가 말라죽을 것 같았다. 나도 같이 테이블을 엎으며 싸우고 싶었을 때가 한두 번이 아니다. 온전히 버텼다기보다는 살아남기 위해 버둥거렸다. 이것도 해보고 저것도 해보았다. 그러다 보니 올해 9년째가 되었다. 나의 블로그와 메일로 많은 초보 중개사들이 질문을 한다. 너무 힘들다고 너무나 스트레스 받아서 죽겠다고, 힘들어서 지르는 비명이 글자로도 충분히 느껴진다. 그런 글을 보고 있자면 예전에 대표님들 옆자리에서 답변을 달라며 졸랐던 그 장면들이 머릿속에서 지나간다. 답변이 뻔한 질문이었다. 우문을 던져놓고 현답을 기대하였다. 지금 내가 받는 질문에도 똑같은 대답밖에 할 수 없다. 다른 답변이 없기 때문이다. 일을 하면서 모나고 어설픈 부분이 많이 채워졌다. 웬만한 갈등을 피할 수 있는 능력도 생겼다. 매수자도 매도자도 만족할 만한 거래로 이끄는 과정도 배우게 되었다. 거래가 끝나도 다들 감사하다는 인사가 돌아왔다. 지금 당장 힘들어서 마음속으로 비명을 지르고 있는 초보 중개사들에게 이 이야기를 들려주고 싶다. 나처럼 버티라고 말해주고 싶다. 딱 10년만 같이 버텨보자. "10년을 버텨보자"라는 마음가짐으로 오늘 하루만 딱 하루씩만 더 버텨보자. 앞으로도 싸우고 물고 뜯고 소리 지르는 수도 없이 많은 분쟁이 있을 것이다. 그래도 잘 버텨내야 한다. 눈 하나 깜짝하지 않고 버텨야 한다느니 그런 말은 하지 않겠다. 손을 덜덜 떨고 상처받고 마음이 너덜너덜해져도 이 자리에서 꿋꿋이 버텨야 한다. 나만 버티는 것이 아니다. 당신만 버티는 것도 아니다. 수많은 인생들이 자신의 인생에서, 그 순간들을 견뎌내고 있다. 그 힘듦을 견뎌야 한다. 처음이 가장 어렵다. 버티다 보면 힘듦도 둥글둥글해진다. 처음에는 밥도 먹지 못하고 물도 삼키지 못하며 걱정거리를 한 아름 안고는 밤새 잠도 한숨 자지 못한다. 그런데 이런 일을 한 번 두 번 그리고 수도 없이 겪다 보면 비슷한 사건이 일어나도 밥도 먹고 물도 먹을 수 있게 되고 자다가 몇 번 깨긴 하지만 나름 잠도 잘 수 있게 된다. 또 이 그 시간 또한 지나고 나면 이것저것 걱정은 되는데 일단 지금 당장 밥도 잘 먹고 운동도 잘하고 이것저것 다 잘 하면서 걱정할 수 있게 된다. 일을 한 지 10년이 된다면 어떤 일에 대해서 미간 한 번 찌푸리고 넘어갈 수 있게 되는 걸까? 연필만 오래 잡아도 손에 굳은살이 생긴다. 굳은살이 생길 때는 피부 안쪽으로 물집이 잡히면서 붓기도 하고 누르면 아프기도 하지만 그 굳은살이 생기는 그때만 버티면 괜찮아진다. 나중에는 연필을 잡아도 전혀 통증을 모르게 된다. 마음도 그렇게 된다. 점차 굳은살이 생기고 동일한 자극에도 면역이 된다. 나도 매일매일 현장에서 나의 마음에 굳은살을 만들고 있다. 나처럼 마음이 약한 사람도 꾸역꾸역 버티고 있으니 우리 같이 10년만 버텨보자!

02

휴식의 필요성

억눌린 감정은 어디서든 표출된다

나를 잘 아는 주변의 대표님들께 가장 많이 들은 말이 있다. 쉬엄쉬엄 일해야 오랫동안 일할 수 있다고, 일에만 미친 듯이 몰두하면 일에 진저리가 나서 이 바닥을 떠나거나 아니면 몸에 병이 생긴다며, 좀만 살살 일하라는 이야기를 참 많이도 들었다. 초보 때는 열심히 하는 게 뭐가 잘못된 거냐면서 의아해했는데 이제 와서 돌이켜보면 내가 살아온 시간보다 더 오랜 시간 동안 부동산을 했던 분들의 이야기다. 버릴 것이 하나도 없는 말이었다. 나는 공인중개사로서 부동산 중개 일이 너무나 재미있다. 올해 35세인 나는 수도 없이 결혼과 연애에 대한 이야기를 듣는다. 어머님들은 더 이상 늦지 않게 결혼해야 한다며, 예쁜 나이에 이렇게 일만 해서 어떻게 하냐며 진심으로 안타까워하신다. 하지만 나는 일에 집중하고 있는 그 순간이 세상에서 제일 행복하다. 세상에 수도 없이 많은 재미와 일탈이 존재한다지만 내가 경험해 본 것 중 가장 최고는 일에 푹 빠져서 사는 재미라고 단언할 수 있다. 일로써 채워지는 충족은 내가 여태까지의 삶에서는 겪어보지 못했던 짜릿함을 가져다주었다. 여태껏 살아왔던 삶이 밍밍해지고 싱겁다고 느껴질 정도이다. 일이 너무나 재밌었고 쏟아지는 일들을 모두 다 잘 해내고 싶었다. 이렇게 초반에는 쉬지 않고 무리해서 일을 했다. 정말 이를 악물고 일을 했다. 남들보다 더 빨리 자리 잡고 싶었고, 그랬기 때문에 더 쉬어서는 안 된다고 생각했다. 누가 시키지도 않았지만 악착같이 뛰어다녔고, 집에 가서 쓰러져 잠들기 전까지 지독하게 공부했다. 매일매일이 힘들었지만 내가 좋아하는 일을 더 잘해내고 싶었던 내 욕심이었다. 하루도 쉬지 못하였지만 그래도 일이 너무 좋았다. 한여름에는 아이스 커피를 가득 채워 홀로 사무실에서 새벽까지 일하는 것도 여름밤 고유의 낭만이라고 생각했다. 다 괜찮다고 생각했지만 분출하지 못하는 스트레스는 그렇지 않았나 보다. 나는 갈수록 예민해지기 시작했다. 주변 사람들은 내가 건드리면 터질 것 같다고 했다. 일을 하는 동안에는 내내 웃고 사근사근 말도 잘했지만 집에 돌아오면 나는 세상에서 제일 날카로운 사람이 되어있었다. 생기가 없어지고 웃음도 나오지 않았다. 내가 목표했던 바를 다 채워도 더 많이 하지 못한 게 속상해 스스로를 채찍질하기만 했다. 성에 차지 않는 아쉬움이 신경질로 바뀌어 나를 몰아세우고 있었다. 견디지 못하고 갑자기 지독한 번아웃이 왔다. 감정 조절이 힘들어졌다. 툭하면 눈물이 났고 세상이 모두 서러웠고 화가 났다. 원인 모를 눈물만 흘리며 잠들었다가 아침에 일어나서는 어제 눈물 흘린 시간이 아까워 스스로를 질책하며 또 꾸역꾸역 부동산 책을 읽었다. 가족들은 내 눈치만 보았고, 어쩌다가 업무 시간 중에 가족에게 전화를 하면 가족들은 나에게 무슨 일이 생긴 게 아닐까 심장이 떨어져 내린다고 했다. 그 와중에도 나는 나 자신에게만 계속 박하게만 굴었다. 어느 하루는 늦은 밤까지 일하고 집에 와서 와인잔을 집어 들었는데 갑자기 이유 없는 눈물이 펑펑 쏟아지기 시작했다. 그날은 계약도 잘했고, 언어폭력을 하는 손님도 없었으며, 항상 그렇듯 어머님들이 사무실에 맛있는 것도 많이 가져다주셨다. 내내 화기애애한 분위기에서 즐겁게 일을 했고, 농담도 줄곧 했다. 그런데 이상하게도 알 수 없는 눈물이 펑펑 쏟아져 내렸다. 나는 그 자리에서 쭈그려앉아 두 시간이 넘게 오열했다. 한바탕 소리 내어 꺼이꺼이 울고 나면 마음이 후련해졌다. 나를 감정적으로 밀어붙여 제어하고 억제를 하면 할수록 이런 식으로 예상되지 않는 돌출행동이 나오기 시작했다. 어느 날 동생이 〈대화의 희열〉이라는 프로그램을 같이 보자고 했다. 사업가 백종원 님이 본인의 이야기를 하고 있었다. 백종원 님은 평소에도 사업가로서 자신의 일에 대한 프라이드가 느껴지는 분이었다. 그분의 장사에 대한 신념을 존경하기 때문에 개인적으로 책을 찾아 읽기도 했었다. 프로그램을 보는 와중에 내게 꼭 필요한 이야기들이 나왔다. 내가 할 수 있는 만큼만 하면 된다고 했다. 그 이상을 억누르고 참으면서 하다 보면 그 눌린 감정이 언젠가 어느 형태로든 튀어나온다고 했다. 그때 바로 아, 이거구나, 하며 느꼈다. 나의 억눌린 감정들이 돌발행동으로 나타나는 것이었다. 내가 좋아서 하는 것이니 괜찮다고 말했지만 나의 정신은 지쳐있었다. 힘들다고 무리하고 있다고 나 스스로에게 외치고 있었지만 나는 나의 외침에 전혀 귀 기울이고 있지 않았다. 그 뒤로는 나 스스로의 감정을 살펴 종종 나에게 휴식을 주고 있다. 물론 아직도 제대로 조절하지 못해서 간혹 억제되어 눌러놓은 감정들이 참지 못하고 튀어나오는 경우가 종종 있다. 나는 나를 조금씩 놓아주려는 노력을 하고 있다. 이제는 내가 쉬고 싶으면 쉬고, 놀고 싶으면 조금은 놀게 해준다. 읽고 싶은 책이 있다면 일과 전혀 관계없는 책이라도 읽을 시간을 나에게 주기도 한다. 건강하게 일을 하기 위해서다. 쉬지 않으면 부작용이 따르기 때문이다. 내가 사랑하는 이 일을 더 오랫동안 효율 있게 하기 위해서 휴식이 꼭 필요하다. 나 같은 경우에는 육체적 휴식보다는 정신적 휴식이 시급했다. 육체적 휴식은 밤에 잠을 자면 다음 날이면 회복이 되는데, 정신적 휴식은 스트레스를 해소할 수 있는 나만의 방법을 찾아야 한다. 나는 운동을 좋아해서, 정신적으로 지칠 때는 땀을 쭉 뺄 수 있는 강도 높은 운동을 하곤 한다. 그렇게 땀을 잔뜩 흘리고 나면 스트레스가 확 날아가 버린다. 이렇게도 해결이 되지 않을 때는 내게 시간을 조금 더 투자해야 한다. 나는 주말 없이 주 7회 일을 하기 때문에 따로 시간을 내는 것이 많이 버겁다. 그래서 밤잠을 줄여 혼자 하고 싶은 것을 하곤 한다. 체력이 좋은 편이라 하루 이틀 잠을 설쳐도 다음 날 일에는 크게 지장이 없다. 주로 밤에 내가 하는 것은 맥주를 먹으며 최대한 온몸의 힘을 빼고 유튜브로 귀여운 강아지와 고양이 영상들을 하염없이 본다든지 보고 싶었던 드라마를 빠른 배속으로 밤새 열 몇 편씩 보는 것이다. 그렇게 하면 비록 다음 날 잠은 조금 부족해도 정신은 개운해진다. 그래야 머릿속도 환기가 되어 스트레스를 버틸 수 있는 힘이 생이 생기고, 뇌도 휴식을 해주었기 때문에 말랑말랑해진 기분이 든다. 그래서 그다음 날은 어떤 공부를 해도 더 이해가 쉽게 된다. 이렇게 정신적 휴식을 취하는 방법은 자신에게 맞는 방법이라면 무엇이든 좋다. 나의 친한 친구도 알아주는 일중독인데, 이 친구는 컴퓨터 앞에 계속 앉아서 일하는 직업으로 눈뜨자마자부터 잠들 때까지 주말 없이 일을 한다. 옆에서 보면 사람이 어떻게 저렇게까지 앉아있을 수 있을까 할 정도로 정말 무섭게 일을 하는데 이 친구 같은 경우에는 평소에는 작업실에만 박혀있다가 하루 날을 잡아 쇼핑을 열심히 한다고 한다. 평소에 열심히 일한 돈으로 휴일에는 스스로에게 좋은 것들을 먹여주고, 입혀주며 다시 고갈되어 있는 통장 잔고를 보며 더 열심히 일해야겠다고 다짐한다. 휴식은 본인에게 잘 맞는 방법을 찾아야 하며, 나의 정신이 충전된다면 뭐든지 좋다. 무리하게 일하면 반드시 번아웃이 온다. 번아웃이 오면 일의 효율이 떨어진다.

삶과 일을 분리하기

좋아하는 일을 평생 하려면 일과 생활의 분리가 반드시 필요하다. 온 열정을 쏟아 일을 하는 것도 중요하지만, 사람인 이상 24시간 일만 할 수는 없기 때문이다. 사실 이 이야기는 다양한 종류의 일을 모두 혼자 처리해야 하는 개인사업자들에게는 과분한 이야기일 수 있다. 특히 동네 장사의 경우에는 퇴근 시간이 지났다고 손님의 연락을 매몰차게 받지 않는 게 참으로 힘들다. 초반에는 열심히 해야지!라는 열정 하나만으로 늦은 밤에도 항상 손에 핸드폰을 꼭 쥔 채 한 통의 전화도 놓치지 않으려고 노력했었다. 그런 나의 열정이 무심하게도 업무시간 이외에 울리는 대부분의 전화는 중요하지 않은 내용이었다. 한참 늦은 밤에 받을 때까지 끊임없이 울리는 전화를 다급한 일이 아닐까 하는 생각에 뛰어가서 받아보면 관리실 번호를 묻는다든지, 사소한 부동산에 대한 궁금증에 대한 질문이라 맥이 풀린 적이 한두 번이 아니다. 나는 이상하게도 새벽 전화가 정말 많이 들어오는데 아침잠이 없는 어머님들이 일어나자마자 전화를 하는 경우도 많았고, 핸드폰 사용에 익숙하지 않아 뭘 잘못 눌러 새벽잠을 깨우는 어르신들도 많다. 이런 연락은 과감하게 놓아 버리는 것이 좋다. 물론 늦은 시간에 연락하는 손님이 정말 급한 손님일 경우도 있긴 하다. 하지만 늦은 밤과 새벽 시간에 걸려오는 연락은 짓궂은 연락들인 경우가 가장 많았고 헛웃음만 나오는 내용이 훨씬 많았다. 굳이 귀한 새벽잠을 방해받아 다음 날 업무와 생활에 피로를 더 얹을 만큼 가치 있는 사안이었던 적은 한 번도 없었다. 내가 늦은 밤과 새벽에 전화를 받지 않아 놓칠 손님이라면 애초에 나와 인연이 될 손님이 아니다. 장기적으로 보았을 때 나는 일과 생활을 꼭 분리하라고 말하고 싶다. 단 몇시 간이라도 일에서 완전히 분리되고 해방되는 시간을 가지는 게 중요하다. 퇴근을 한 후 몇 시부터 몇 시까지는 전화기를 방해금지 모드(전화나 문자가 걸려오지 않는다.)로 해놓는 것이 좋다. 퇴근 후에도 계속 전화를 받다 보면 내가 지금 일을 하고 있는 중인지 휴식을 하는 중인지의 경계가 모호해지고 또 손님도 '아, 이 시간에도 전화해도 되는구나' 싶어 점점 더 출퇴근 시간의 경계가 흐려진다. 늦은 밤의 연락은 과감하게 버리자. 나는 워낙 걱정이 많은 사람이라 혹시나 모를 가족이나 지인들의 급한 연락을 대비해서 새벽시간에는 두 번 연속 걸려온 전화만 벨이 울리도록 설정해놓았는데, 여태까지 지인이나 가족들에게 단 한 번도 전화가 오지는 않았다. 나를 아끼는 사람들은 나의 단잠이 깰까 봐 무슨 일이 있어도 일어나면 연락 줘라고 메시지를 남겨놓는 것이 대부분이다. 영업 쪽 일을 하는 사람들은 업무용 핸드폰과 개인용 핸드폰을 분리해서 업무용 핸드폰은 업무시간이 지나면 꺼놓는 것도 일과 생활을 분리하는 것도 하나의 방법이다. 부동산도 영업일인 만큼 정말 이상하게도 밥을 먹으려고 첫술 뜨면 전화가 들어온다. 이날만큼은 꼭 일정을 비워놓아야 하는 아버지 환갑이나 중요한 가족 행사가 있는 날에도 희한하게도 곤란한 일이 생겨서 혹시나 가족 행사에 늦지는 않을까 하고 전전긍긍하게 된다. 정말 1년을 고대했던 가족여행에서도, 일정이 늘어져서 가족들을 공항에 세워놓고 너무 오랫동안 기다리게 했었다. 가족들은 공항에서 내 캐리어를 들고 안절부절못하며 가슴을 졸이고 있었다. 너무 지치고 소모적이었다. 일과 일상을 분리해야 스스로에게 완벽한 휴식을 줄 수 있다. 지금의 나는 일을 하는 시간과 내 개인 시간을 최대한 분리하고 있다. 늦은 밤에 오는 연락은 무조건 다음 날 아침에 회신한다. 그렇게 일하다 보니 일의 효율도 훨씬 더 높아졌다. 나의 일상은 나 스스로 지켜내야 한다. 나조차 내 출퇴근 시간을 지켜주지 않으면 그 누구도 내 출퇴근 시간을 지켜주지 않는다.

03

누군가는 나의 성실함을 알아준다

다른 부동산과 공동 중개로 전세계약을 진행한 적이 있다. 나는 손님 편 부동산, 다른 부동산은 물건지 쪽으로 계약을 진행했다. 계약서를 진행할 때는 너무나 화기애애한 분위기였으나, 급등하는 부동산 경기에서 전세금이 급격하게 폭등하였고 잔금일쯤에는 임대인이 전세를 너무 싸게 줬다며 계속해서 푸념하였다. 과도한 푸념에 임차인도 감정이 상한 상태였다. 입주일이 다가오자 임차인은 집이 너무 엉망이라 이렇게는 못 들어간다고 하였고, 임대인은 전세보증금도 이렇게 싸게 해줬는데 그 정도는 알아서 해야 하는 게 아니냐며 서로 밀고 당기기를 하고 있었다. 무던한 성격의 임차인이 보기에도 집 상태는 놀랄 만큼 엉망진창이었다. 임차인이 들어와서 살 수 있을 만큼의 유지 보수는 임대인이 해주는 게 맞지만 임대인은 전세 가격을 싸게 줬다며 안 그래도 속상하니 더 이상 어떤 말도 하지 말라만 했다. 서로 동일한 집의 동일한 상황을 보고 있는데 임차인은 특수청소 업체를 불러야 한다고 했고 임대인은 조금만 쓸고 닦으면 그냥 들어가도 되겠다며 서로의 말이 너무나 다른 상황이었다. 점차 큰 감정 싸움으로 번져갔다. 서로의 입장만 고수하며 끊임없이 밀고 당기고 있었다. 계약금이 크게 들어간 상태이고 앞뒤 계약이 빡빡하게 연결되어 있어 한 발짝 물러나 모르는 척했어도 더 급한 사람이 결국 의견을 굽혀 해결되었을 것이다. 결국 수없이 많은 이야기와 설득 끝에 임대인이 수리해 주어야 할 부분에 대해서는 최소의 보수를 하기로 했고, 그 이상으로 수리하고 싶은 부분에 대해서는 임차인이 비용을 부담하기로 했다. 하지만 입주 하루 전날까지도 서로 청소 부분에서는 입장 차이가 좁혀지지 않았고 임차인은 수리 부분에서 많은 것을 포기했으니 청소가 어느 정도 되어 있는 걸 직접 보고 나서야 잔금을 넣고 입주하겠다고 하였다. 임대인은 나는 청소는 못 해주니 계약을 파기하든 말든 마음대로 하라며 서로 팽팽하였는데, 양쪽을 설득하다가 결국에 내가 제가 아쉬운 대로 임차인이 요구하는 부분을 청소해주겠으니 원래 일정대로 진행하면 어떻겠느냐고 했다. 청소 부분에 대해서는 같이 중개를 했던 대표는 마음 같으면 내가 같이 가서 청소할 생각이 굴뚝 같지만 어깨가 아파서 안 되겠다며 빠졌다. 사실 나도 너무 피곤한 일상에서 먼저 그런 이야기로 입을 떼는 게 쉽지는 않았다. 웬만하면 쉽게 넘어가고 싶었다. 다들 부동산에서 그렇게까지 하느냐고 했지만 아무도 말리지는 않아서 나는 그날 업무를 끝내고 간단한 청소용품을 챙겨서 청소하러 아파트에 올라갔다. 그날은 왜 그렇게 또 일이 늦게 끝났는지 밤 12시가 넘는 시간이었다. 곰팡이가 펴져 있는 부분에 락스 액을 뿌려서 한참을 닦아냈다. 살면서 내 방 청소 한 번을 제대로 해본 적 없는 내가 새벽 3시가 넘도록 비어 있는 집에서 청소를 하고 나왔다. 그리고 다음 날 최대한 해맑게 웃으며 제가 완벽하게는 아니지만 힘 닿는 데까지 청소를 했으니 부족하더라도 너그럽게 봐달라고 했다. 솔직히 말해서 나의 청소가 그다지 깨끗했을 리도, 제대로 되었을 리도 없겠으나 오히려 양쪽에서 미안하게 됐다며 다음에 집을 팔거나 살 때는 꼭 우리 부동산을 이용하겠다고 했다. 임대인과 임차인 양쪽 다 서로에 대한 불만이 폭발하기 일보 직전이었지만 내가 너무 해맑게 이야기하니 차마 어쩔 수 없어 하며 머쓱해 했다, 그때의 손님들의 말은 그냥 흔히 하는 인사말처럼 느껴졌지만 정말로 전세 계약 만기일이 되어가자 임대인은 내가 어떻게 이 사무실을 잊겠냐면서 단지 안에 부동산이 여럿 있음에도 불구하고 우리 사무실을 찾아주었다. 내가 전화를 받자마자 "청소해준 아가씨!"라며 웃으며 말했다. 그 세입자도 전세 기간이 만기가 되어 새 집을 구해서 나갈 때 잊지 않고 우리 부동산을 이용했다. 누가 보면 바보 같고 미련하다고 할 수도 있다. 청소로 서로 밀고 당기고 싸울 때 그 상황을 가장 간단하게 넘어갈 수 있는 방법은 임대인과 임차인끼리 청소업체 부르는 비용을 조율하거나 부동산들이 중개 보수를 조절해 주는 방법으로 어떻게든 넘어가면 해결되었을 일이다. 아무리 팽팽하다 한들 계약금이 들어갔고, 또 계약 파기 원인이 모호한 상태였기 때문에 모르는 한 발 물러나서 보면 어떻게든 해결되었을 것이다. 줄줄이 계약들이 연결되어 있으므로 사실상 취소될 확률이 높지도 않았다. 누가 보면 일을 뭐 그렇게까지 답답하게 하느냐고 할 수도 있지만, 서로의 이해관계가 어긋나 있는 상황에서 모르는 척 발 빼고 싶지 않았다. 감정 싸움으로 계속 갔다면 임차인이 일부러 시간을 최대한 늦게 잔금을 치러 앞에 연결되어 있는 집의 잔금이 문제가 될 수도 있는 상황이었다. 그런 상황에서 뒤로 물러나고 싶지 않았고 앞으로 2년 동안 임대인과 임차인의 관계를 유지해야 하는 둘의 갈등이 조금은 해소되기를 바랐다. 그 마음을 예쁘게 봐주셔서 그때 계약했던 모든 사람들이 뒤에도 나를 잊지 않고 찾아주었다. 곤란하고 난처한 상황에서 나의 단골로 만들 수 있었던 것은 밤늦은 시간에 혼자 그 큰 집을 청소한 수고로움이기도 하지만, 또 이 상황을 모르쇠로 물러나지 않고 내가 직접 상황을 해결하기 위해 고군분투하는 성실함을 좋게 봐주었기 때문이다.

04

분쟁의 위험을 최소화하는 방법

계약의 모든 내용은 기록으로 남겨놓기

나는 걸려오는 모든 통화들을 자동 녹음되도록 설정해두는데, 이렇게 녹음된 통화들은 부동산 중개를 하면서 정말 유용하게 사용된다. 일부 핸드폰에서는 통화 녹음이 지원되지 되지 않기 때문에 녹음 가능 유무를 반드시 확인하고 핸드폰을 고르는 것이 좋다. 나는 부동산 중개를 하기 전에는 오로지 디자인만 보고는 핸드폰 구매를 했었는데, 부동산 일을 시작하고 일부 손님들의 말 바꿈으로 크게 혼쭐이 나고 나서는 무조건 통화녹음 기능이 되는 핸드폰만 고집하고 있다. 나는 언제나 전화를 바로 받을 수 있게 항상 핸드폰을 손에 쥐고 다니는데 너무 정신없이 바빴던 어느 날, 안내하면서 수시로 걸려오는 전화들을 정신없이 받다가 핸드폰을 땅에 떨어뜨려 먹통이 된 적이 있다. 수리하는 시간 동안 핸드폰을 쓰지 않을 수 없어 잠시 임대폰을 받아왔는데, 마침 그때 진행한 계약에 문제가 생겼다. 그때를 생각하면 아직도 화가 난다. 부동산 경기가 좋지 않을 당시 공급 물량이 많았던 신규 아파트라 입주 청소를 임대인들이 해주는 추세였고, 간혹 가격이 저렴하게 나온 집들은 임차인이 입주 청소를 스스로 하고 들어가는 상황이었다. 안내를 하면서 이 집은 시세보다 많이 저렴하게 나왔기 때문에 입주 청소는 임차인이 해야 하는 집이라고 분명히 말했다. 햇빛이 잘 들어오는 남향 집이었고 그날따라 햇살이 좋아 발코니 통유리에 앉아있는 공사 먼지들을 보며 입주 청소에 대해서 이야기하고 있었다. 본인의 아내가 갑작스럽게 임신을 하게 돼서 급하게 결혼을 준비하게 되었다면서 예산이 빠듯하니 그 점을 주인께 잘 이야기해주면 안 되겠느냐고 했다. 임대인에게 한 번 더 이야기는 해볼 수는 있겠지만, 입주 청소는 본인이 해야 하는 걸로 알아야 한다고 거듭 말했고 그렇게 계약이 진행됐는데, 계약서를 쓰는 날 문제가 생겼다. 임차인은 집을 볼 당시 입주 청소를 분명 해주기로 하지 않았느냐면서 자기는 입주 청소를 해준다고 해서 계약을 한 거라며, 계약 성사시키려고 중개사가 거짓말을 한 게 아니냐며 이건 사기라고 소란을 피우기 시작했다. 평소라면 가계약금을 진행하기 전에 계약 내용을 문자로 남겨놓고 통화 녹음본을 남겨놓기 때문에 녹음 파일을 같이 들으며 그건 아니라는 말을 할 수 있었을 텐데 마침 그때 사용한 핸드폰이 임대폰이라 녹음 기능 자체가 없는 폰이었다. 너무도 당당하게 억울해하며 소리를 지르자 임대인은 중개사가 잘못 전달한 것 아니냐고 했고, 그때 한창 바쁜 시즌이었기 때문에 당시 내가 너무 정신이 없어 상대가 오해하도록 전달했나 싶었다. 갈수록 올라가는 임차인의 언성에 계약 분위기가 중개사가 말을 잘못했다는 것으로 기정 사실화 되어서 입주 청소 비용을 임대인과 내가 반반 내기로 했다. 이 손님은 계약 완료 후에도 중개 보수를 주어야 할 때가 오자 중개 보수로 5만 원만 받기로 했지 않았냐며 부동산에서 사기를 친다며 다시 소란을 피워댔다. 그 말을 듣자마자 '아, 내가 저번에도 이렇게 당했구나'라는 걸 확실히 알 수 있었다. 입주 청소 비용으로 내가 납부한 금액만 15만 원이었다. 한참을 소리 지르다가 실실 웃으며 증거 있느냐며 5만 원짜리 한 장 던지고 갔던 기억이 아직까지도 생생하다. 이 집은 2년 뒤에 임대인이 꼭 이사를 와야 한다는 조건으로 당시 시세에 비해 굉장히 저렴한 금액으로 임대차 계약이 되었고(그때는 계약갱신청구 건이 없었던 때로 임대차 3법이 개정되기 전이었다.) 이가 갈릴 정도로 지저분한 계약이어서 잊고 싶어도 잊을 수 없다. 2년 뒤에 그 임차인이 나에게 전화가 왔다. 전화로 계약 당시 계약기간 만료 후에도 같은 금액으로 갱신해서 살 수 있다고 중개사가 얘기하지 않았냐는 말을 했다. 구렁이 담 넘어가듯 이야기하는 걸 보니 내가 본인을 기억하지 못한다고 생각하고 있는 것 같았다. 그때 입주 청소 비용 부분이 영 찜찜했기 때문에 수리된 핸드폰을 찾자마자 계약에 대한 사항들을 구두로 확인해 놓았었고, 녹음된 통화 파일을 보내주자 나에게 입에 담지 못할 욕을 뱉었다. 일을 하면서 별의별 일이 다 있지만, 이런 손님들이 간혹 있기 때문에 녹음 파일은 정말 중요하다. 하루에도 새로운 녹음 파일은 몇십 개에서 몇백 개씩 쌓이기 때문에 핸드폰 용량을 생각하여 매달 통화 내역을 PC에 저장해놓는 것이 꼭 필요하다. 매달 녹음 파일을 옮겨놓는 것이 보통 번거로운 일이 아니지만 나는 녹음 파일로

계약 후 1, 2년 뒤에도 분쟁을 피해간 적이 많다,

한번은 조합 아파트 거래를 진행할 때의 일이었다. 추가 분담금이 계속해서 발생하는 조합 아파트는 매매를 하여 부동산의 등기부상 명의인이 변경되어도 원조합원은 조합이 청산할 때까지 추가 분담금을 지불해야 한다. 발생하는 추가 분담금의 지불 주체를 매수인이든 매도인이든 특약사항으로 별도로 기재를 해놓을 수 있긴 하지만, 청구되는 주체는 원조합원자이다. 조합 아파트의 매매계약에서는 추가 분담금이 발생할 수 있다는 것과, 만약에 발생되면 이것은 원조합원한테 간다는 점 두 가지는 일반인들에게는 많이 생소한 것이라 이 부분에 대해서는 정말 자세하게 설명해야 한다. 당장 매매계약에 급급해 신경 써서 듣지 않다가 나중에 문제를 삼을 수 있기 때문이다. 이 부분에 대해서 이해를 했고 동의한다는 것을 매도자 매수자 모두 문자나 녹음 파일로 남겨두어야 분쟁을 피할 수 있다. 한번은 일전에 조합 아파트를 매매했던 매도인이 자신은 집을 팔았는데 왜 추가 분담금을 내야 하느냐며 사무실에 찾아왔다. 계약서 특약사항에 그 모든 내용이 자세하게 적혀있었으나 자신은 그런 내용을 전혀 전해 들은 바가 없고 부동산에서 임의로 이런 내용을 적어놓았다며 이런 경우가 어딨냐며 언성이 높아졌다. 부동산에서 제대로 알려주지 않았으니 추가 분담금은 부동산에서 내야 한다고 소리쳤다. 컴퓨터에서 녹음 파일과 보관했던 문자 내역을 찾기 시작했다. 2년 전의 내용까지 보관할지는 몰랐을 것이다. 일전에 매도인과 통화했던 모든 내용을 확인한 뒤에 해당되는 내용의 녹음 파일과 문자 메시지를 발견했다. 다행히도 본인뿐만 아니라 아내에게 설명했던 기록도 남아있었다. 그제야 2년 전의 이야기를 내가 어떻게 기억하냐며 그럼 법대로 알아서 하겠다며 홀연히 사라졌다. 상대방의 동의를 받지 않은 녹음은 법적 증거로 사용할 수 없지만 이런 다양한 분쟁에서는 힘을 실어주기도 한다.

녹음 파일이 이렇게 증거로 쓰이는 경우 말고도 기록해놓는 용도로도 유용하다. 안내를 하면서도 수도 없이 전화가 들어온다. 중간중간에 매물 접수하는 전화가 오지만 손님 안내 중에는 구체적인 기록이 힘들 때가 많다. 운전하는 길에도 전화가 들어올 때마다 차를 갓길에 세워놓고는 매물장에 받아적고 있을 수는 없는 일이다. 일이 마치는 시간은 까마득한 밤 시간이라 지금 이 전화를 끊고 일이 마친 밤에 손님들께 일일이 전화를 돌릴 수도 없다. 이럴 경우에도 통화 녹음 기능은 아주 요긴하다. 아파트의 경우라면 매물 접수할 때 동과 호수와 리모델링 내역과 가격 같은 것들만 간단하게 묻는다. 타입이나 구조는 평면도로 확인할 수 있기 때문에 최대한 간단하고 짧게 통화해놓고 퇴근 후에 매물장에 차곡차곡 정리한다. 하루 통화 내용을 정리하면서 미처 놓쳤던 부분도 발견할 수 있다. 만약 녹음 기능이 없었다면 쏟아지듯 들어오는 전화들을 다 기억하지 못했을 것이다. 그래서 나는 부동산 중개를 할 때는 녹음 기능의 중요성을 거듭 강조해서 말하고 싶다.

05

한 발자국 물러서서 상황을 지켜보자

조급해하지 말고 시간을 두자

수도 없이 많은 협상 책에서 이야기한다. 조급하게 서두를수록 원하는 결과가 나오지 않는다고 한다. 협상의 기본 중의 기본은 서로의 의사를 조율할 시간을 넉넉하게 두는 것이다. 매도인과 매수인이 팽팽하게 맞섰을 땐 한숨 고르면서 의견 조율해야 한다. 물론 풀리지 않은 매듭과 쏟아지는 원성을 들을 때면 중간에서 새우 등 터지는 기분이 이런 것이구나 하는 생각이 든다. 나는 분쟁을 워낙 힘들어하는 타입이라 초보 때는 어떻게든 이 상황에서 빨리 벗어나기 위해서 안절부절못하며 상황을 빨리 마무리하기에만 급급했다. 한번은 집을 매매하였는데 잔금 기간이 꽤나 긴 계약이었다. 매도자의 이사 날짜를 무조건 맞추어주는 조건으로 매매금액에서 500만 원을 깎아서 계약이 성사되었다. 화기애애하게 계약서를 작성하고 정확한 이사 날짜가 나오지 않았기 때문에 예상하는 이사 날짜 달의 마지막 날로 계약서를 적어놓고 특약사항으로 잔금일을 앞으로 당길 수 있다고 적어놓았다. 잔금 기간이 긴 동안 집값은 끝을 모르고 폭락하기 시작했다. 일찍이 집을 구해놓았던 매수인이 혹시나 계약을 물릴 수는 없는 거냐고 사무실에 찾아오기도 했었다. 사무실에 찾아와서 한숨을 푹푹 쉬실 때마다 따뜻한 차를 내주며 집값이라는 게 올랐다가도 내려가고, 내려갔다가도 올라가는 것이니 나중에 파실 때는 꼭 더 좋은 가격에 팔아드리도록 노력하겠다는 말로 달래곤 했다. 그런 상황에서 새 가구를 주문하기 위한 실측이 필요했던 매수자가 매도자의 집에 방문했을 때 덕분에 돈 벌었다는 술 취한 매도자의 말에 안 그래도 심란했던 매수자가 크게 화가 난 듯싶었다. 천천히 집을 구매하자는 아내 말을 듣지 않아 가족들 앞에서 면이 서지도 않는 것 같았다. 슬슬 잔금일을 잡아야 할 때가 다가오고, 잔금 일정을 조율하는데 매수자는 매도자가 요구하는 잔금 날짜를 맞춰주지 못하겠다고 했다. 기분이 너무 상한다는 것이다. 매도자는 날짜를 맞춰주는 조건으로 500만 원을 깎아줬는데 왜 이제 와서 말을 바꾸느냐며 화를 냈고, 매수자는 집값이 너무 많이 떨어졌고 상대쪽에서도 예의를 지키지 않는데 나 또한 더 이상 지킬 수 있는 예의는 없다며 계약서 상의 잔금일 그대로 가야 한다고 고집을 부렸다. 매도자는 용한 곳에서 좋은 날을 받아왔다며, 꼭 그날 이사를 가야 모든 일이 잘 풀린다고 했다. 초보였던 나는 양쪽의 말을 이리저리 전달하면서 서로의 입장만 고집하는 양측에게 시달리고 있었다. 매도인은 만약 그날에 이사를 가지 못해 일이 잘못되면 부동산에서 모든 책임을 질 거냐는 말만 반복했다. 서로 화가 잔뜩 나있는 상태에 전화를 하다 보니 나에게도 가시 돋친 말들이 쏟아졌다. 그 상황을 견디기 힘들고, 빨리 모든 상황을 마무리하고 싶은 마음에 나는 전화에 매달려 어느 한 쪽의 양보를 부탁하며 애걸복걸하기만을 반복했다. 욕설과 고성이 오가고 말의 날카로움이 한계에 다가갔을 때, 나는 머리를 한참 뜯다가 핸드폰을 내려놓았다. 상황을 얼른 마무리해서 끝내버리고 싶은 것도 내 욕심이었다. 당장 터져버릴 것 같은 정신을 추스르기 위해서라도 핸드폰을 내려놓았다. 나 스스로도 마음을 조금 안정시켰다. 며칠이 지난 후 전화를 다시 들었다. 양쪽 다 한결 목소리가 가라앉아있었다. 먼저 매수자와 통화했다. 속상한 건 잘 알겠지만 매도자의 잔금일을 맞춰주는 조건으로 500만 원을 조절하지 않았느냐고, 매도자가 날짜를 받아올 때 가족들의 건강이나 사업에 대해서 이야기를 들어 이사 날짜를 더 중요시한다고도 전했다. 어느 가장이 가족들의 건강 이야기까지 들었는데 그 말을 무시할 수 있겠냐며 매도자가 말실수를 한 건 내가 대신 사과한다고 하니 매수자는 사실 그때가 적금 만기일 며칠 전이라 적금까지 깨서 잔금을 치러야 한다면 아내한테 정말로 면이 서지 않는다고, 적금 만기일 이후로 원하는 날짜를 맞춰준다고 했다. 매도자에게도 전화해서 적금 만기일 이후로 다시 좋은 날을 받아오면 무조건 맞춰준다고 설득했다. 다행히 매도인도 새로운 날을 받아 원하는 날 이사를 하였고, 매수인도 적금을 해지하지 않고 잔금을 치를 수 있었다. 잔금일에 딱딱한 분위기를 풀어내기 위해 다들 잘 이해해 주시고 배려해 주셔서 감사하다는 인사를 먼저 전하자, 매도인은 내가 그날 술이 과해서 말실수를 했다고, 이 집에서 사업도 자리 잡아 많은 부동산을 구매했고, 아이들도 훌륭하게 키워냈으니 좋은 기운 많이 받으라는 말을 하셨고 매수인도 아내가 집을 천천히 사자고 했는데 이 집이 너무 마음에 들어 자기가 고집을 부린 거라 얼마나 구박을 받았는지 모른다며 어색하게 웃었다. 예상했던 것보다 좋은 분위기로 잔금을 마무리할 수 있었다. 이렇게 감정이 상하는 분쟁사항이 있을 때는 시간을 두고 의견을 조율해야 한다. 만약 내가 불편한 상황을 견디지 못하고 그 자리에서 전화를 계속 붙들고는 점점 격해지는 가시 돋은 양쪽 말만 앵무새처럼 전했다면 더욱더 날카로운 말들이 오갔을 것이고, 더욱더 합의점을 찾기가 힘들어졌을 것이다.

협상은 해결책을 찾는 과정이다. 협상의 목표는 싸움이 아니라 서로 힘을 합하여 해결점을 찾는 것이다. 하지만 감정에 마주치게 되면 서로 "갈 데까지 가보자, 내가 손해 보더라도 이판사판, 모르겠다" 하는 식으로 감정 싸움을 하게 되는 경우도 많다. 이때 지금 당장 양보나 이해를 바라는 것은 역효과가 될 수도 있다. 일을 하다 보면 손님들은 서로의 입장과 서로에 대한 원망을 중개사에게 많이 쏟아놓는다. 중간에서 참 다양한 말을 듣게 되는데 전달받은 말들을 그대로 전달하면 말 그대로 큰일이 난다. 어느 정도 거르고 순화해서 꼭 필요한 부분만 전달해야 한다. 서로에 대한 욕설을 그대로 전달한다는 것은 싸움장에 매도인과 매수인을 밀어 넣는 것이다. 아마 그때의 대화를 다 그대로 전달했다면 그 계약은 해제 신고를 했어야 할 것임이 분명하다. 시간이 지나 감정이 풀리기는커녕 어찌어찌 잔금까지 간다고 해도 잔금일 날 멱살을 잡고 싸울 수도 있다. 이런 극단적인 상황에서는 어느 정도 시간을 두어야 감정을 추스르고 정상적인 대화가 가능하다. 또 사람의 자존심 상 바로 당장 본인의 의견을 접어버리기가 자존심이 상하기 때문이다. 협상을 할 때는 상대방에게 응할 수 있는 명분을 주어야 한다.

어떤 상황에서도 의연해져라

일을 처음 시작했을 때 내가 의아했던 점은 경험이 많으신 대표들은 감정 자체가 없어 보인다는 점이다. 나는 놀라서 팔짝팔짝 뛰고, 신나고 기분이 좋아 소리 지르며 방방 뛰고 있어도 부동산 일을 오래 했던 대표님들은 감정이 없는 기계처럼 항상 무덤덤했는데, 그래야만 감정 소모 없이 일을 오랫동안 할 수 있다는 걸 일을 하면서 깨달았다. 그리고 이것은 나 스스로를 위해서라기보다는 나와 거래하는 손님들을 위해서이기도 하다. 내가 놀라거나 우왕좌왕하면 손님들은 훨씬 더 크게 놀라고 상황을 보다 심각하게 받아들인다. 어떠한 문제가 발생했을 때 그 상황을 속이거나 감춰서는 안 되지만 내가 의연한 모습을 보이지 못하면 부동산 거래를 흔히 겪어보지 않은 손님들은 최악의 상황들을 생각한다. 그리고 감정적으로 대처하는 것보다 의연하게 대처하는 것이 이 상황을 정리하는 데도 훨씬 유용하다. 감정을 표출하는 것은 언제든 해도 상관없지만 상황 해결은 지금 당장의 내가 해야 하기 때문이다. 일전에 신규 아파트 계약을 진행한 적이 있었다. 신규 아파트는 전세자를 구해서 임차인의 전세금으로 아파트 잔금을 치르는 경우가 있다. 세입자는 아주 갓난아기가 있는 젊은 부부였는데, 아이를 보다 좋은 환경에서 키우고 싶어 형편보다 조금 무리해서 신규 아파트 전세계약을 했다. 보통 신규 아파트는 잔금을 치러야만 입주가 가능하기 때문에 임차인은 아침 일찍 잔금을 임대인에게 입금하고 임대인은 받은 전세금과 준비해놓았던 돈으로 중도금 대출을 상환하고 아파트 잔금 및 선수 관리비 납부하며 키를 불출해, 임차인이 이삿짐을 넣을 수 있도록 준비해야 한다. 임대인이 입주에 대한 수속과 준비를 해놓는 동안 임차인은 이삿짐 트럭에 짐을 싸서 새 집으로 출발하는 식으로 진행한다. 신혼부부가 기존의 전셋집에서 짐을 빼서 아파트 단지에 도착하여 짐을 풀려고 하는데 업체 쪽에서 이삿짐 트럭을 막아서기 시작했다. 아직 잔금을 치르지 않아 입주가 불가능하다는 것이었다. 분명 전세 잔금은 아침 일찍 입금이 되었는데 시간이 조금 지연되었나 싶어(은행에 사람이 많거나 입주지원센터에 대기자가 많은 경우 조금 지연되기도 한다) 별일 아니겠지 생각하며 임대인에게 전화를 해보니 세상 평온한 목소리로 본인이 돈 계산을 잘못해서 돈이 부족하다고 했다. 계산 실수라 하기에는 적지 않은 금액이었다. 임대인은 적금에 넣어둔 돈이 있긴 한데 지금 해약하면 손해가 너무 크다고 말했다. 돈을 빌려보고는 있는데 여의치 않다며 일단 부동산에서 돈을 빌려주면 적금이 만기 되는 데로 갚겠다는 황당한 소리도 했다. 분명히 잔금처리가 완료되지 않으면 입주가 불가능하니 시간을 잘 맞춰야 한다는 이야기를 몇 번이나 강조해서 말했는데도, 임대인은 지금 적금을 해지하면 손해가 많은데 내가 왜 이렇게 손해를 봐야 하냐는 말만 반복했다. 오히려 나에게 사람이 하는 일이 뭐 그리 각박하냐며 내가 입주지원센터에다 잘 이야기해서 이삿짐을 들어가도록 해주면 아니냐며 당당하게 소리쳤다. 마침 점심시간이라 이삿짐센터 사람들에게 시간이 조금 걸릴 거 같으니 식사라도 하고 오시라 하며 시간을 벌고 있었지만, 이삿짐 트럭을 계속 세워놓기만 하는 것도 한계가 있는 상황이었다. 조금 후에 임대인에게 전화가 걸려왔다. 적잖이 당황한 눈치였다. 나에게 자꾸 돈을 빌려달라고 했다. 지금 이 상황에서도 이자가 아깝다는 이야기를 하고 있는 임대인에게 화가 정말 크게 났지만 뭔가 잘못된 게 아닐까 걱정하며 나의 표정만 살피고 있는 임차인 때문에 크게 내색할 수 없었다. 임대인은 상황에 대한 이해가 부족해 보였다. 바람이 찬 한겨울 날에 발 동동 구르며 걱정하고 있던 임차인에게 차에서 바람이라도 잠깐 피하고 있으시라며 자리를 옮겨 임대인과 통화를 했다. 입주지원센터가 문을 닫는 6시까지 잔금 업무를 마무리 하지 않으면 오늘 당장 이삿짐을 풀지 못하게 될 것이고, 내일 이삿짐 차에서 짐을 내리게 되면 이사 비용이 두 배가 들어간다는 것이나, 그것도 해당 이삿짐 업체 일정이 내일 비어있어야만 가능한 것이고 만약 내일 다른 일정이 잡혀있다면 짐 보관을 해야 하며 그 비용 또한 무시할 수 없다는 것을 전했다. 또한 임차인은 오늘 당장 잘 곳조차 없는 상황이며, 지금 걱정하느라 갓난아기를 품에 안고 이러지도 저러지도 못한 채 찬바람을 맞아가며 발만 동동 구르고 있다는 말도 덧붙였다. 지금 당장 해약 이자가 중요한 게 아니라 시간이 지연될수록 비용이 얼마가 더 들어가게 되는지, 임차인은 잔금을 아침 일찍 이행해 주었는데 입주가 불가능한 상황이 되면 임대인에게 청구할 수 있는 비용이 어디서부터 어디까지가 되는지 하나 둘 설명했다. 나에게 돈을 빌려달라던 임대인은 왜 그렇게까지 무섭게 말하냐며 투덜거리다가 그제야 묶어놓은 돈으로 잔금을 치러주었다. 배상해야 하는 금액을 나열한 것은 꽤 효과가 있어서 기다렸던 시간들이 무색할 만큼 빠르게 처리되었다. 다만 체감상 임대인이 은행 업무를 보는 그 시간을 기다리는 1분 1초가 너무나 끔찍하게 길었다. 나보다 더 놀랐을 젊은 부부에게 이사는 원래 이런저런 이유로 늘어지는 경우가 많아요, 라며 마음에도 없는 말을 했어야 했다. 정말 다행히도 여유자금이 있어 해결이 되었지만 그 찰나의 순간 지옥을 갔다 왔다. 안절부절못하며 걱정하던 아이 엄마가 영 마음이 쓰여 따뜻한 음료를 들고 짐을 푸는 현장에 찾아갔다. 이삿짐센터 분들에게도 음료를 나눠드리고 아이 엄마에게도 가서 갓난아이 데리고 이사하는 것도 힘든데 오늘 정말 많이 놀랐죠? 라고 따뜻한 음료를 건네주니 아이 엄마가 눈물을 흘리기 시작했다. 대출까지 받아 전세금을 구한 건데 전세 사기인 줄 알고 너무 놀랐다고, 오늘 같이 고생 많으셨다며 울먹였다. 늘 부동산 중개를 하는 나도 심적으로 놀라고 초조했는데, 아기 엄마는 얼마나 놀랐을까 하는 생각에 마음이 짠했다. 상황이 대체 어떻게 된 거냐고 물어보길래 "임대인이 오늘 납부할 금액 계산을 잘못했는데, 잔금을 치르지 않아도 입주가 가능한 줄 알고 급박하게 생각하지 않은 것 같다, 신규 아파트는 잔금을 모두 치르지 않으면 입주가 절대로 불가능하고 지금 이삿짐 트럭이 진입하지 못하고 있다는 걸 알고 급하게 조치를 취해준 거라며 해약 이자 이야기는 생략했다. 앞으로 2년 동안 얼굴을 마주해야 하는 임대인과 임차인의 사이이기 때문이다. 다만 임대인이 돈 계산에 꼼꼼한 스타일은 아닌 것 같으니 보증보험은 꼭 가입해두라고 신신당

부했다. 만약 내가 그 상황에서 야단법석을 떨며 오두방정을 떨었다면 세입자들의 공포는 정말로 크게 다가왔을 것이다. 여유 자금이 있음을 알고 있고 이자 때문에 적금 해제를 망설이는 상황이다 보니 어떻게든 당일에 잔금이 치러졌을 것임을 알고 있었지만 나에게도 쉽지 않은 상황이었다. 일을 하다 보면 이런 일은 비일비재하다. 어떤 상황이 발생했을 때 수습을 위해서는 최선을 다해야 하지만 손님 앞에서는 최대한 의연한 모습으로 대처해야 한다.

06

최선을 다하되, 결과는 나의 몫이 아니다

부동산 중개 일은 시장에서 돈을 주고 물건을 사듯이 한순간에 마무리되는 일이 아니다. 안내부터 가계약금, 계약서 진행, 중도금 또는 잔금 및 등기이전으로 이루어지는 긴 과정을 걸친다. 동시에 여러 개의 계약을 진행하다 보면 확률상 한두 개씩은 분쟁이 생기기 마련이다. 발생하는 분쟁들은 수도 없이 다양한데 개인 사정으로 매도, 매수쪽 일방이 잔금일은 변경하고 싶다든지 계약서를 쓴 이후 집값의 변동으로 계약을 파기하고 싶다는 등 숱한 경우의 수들이 있다. 초보 시절의 나는 하나둘씩 툭툭 튀어 나오는 문제들을 수습하느라 매일매일이 너무나 지치고 힘들었다. 하지만 이제 와서 돌이켜보면 해결되지 않은 문제들은 단 하나도 없었고, 어떤 계약은 나를 아주 고통스럽게 하다가 결국에는 합의 해제되었으니 어떻게든 마무리는 된 것이다. 내가 부동산 일을 하면서 배운 교훈은 '세상에 해결되지 않는 문제란 없다'라는 것, '결국은 어떻게든 마무리된다'라는 것이다. 내가 얼마나 열심히 하는지와는 별개로 분쟁은 발생했고, 아무리 발을 동동거리며 뛰어다녀도 계약은 성사되지 않았다. 내가 아무리 정성을 다해도 어렵게 완성한 계약이 엎어지기도 했다. 이루어질 계약은 어떻게든 이루어지고 이루어지지 않을 계약은 어떻게든 이루어지지 않는다. 나에게 와서 계약할 손님은 내가 사무실 문을 닫고 있어도 전화로 언제 다시 오면 되겠냐며 물어보시고는 다시 방문해 주시고, 내 손님이 아닌 손님은 나랑 집을 열 번을 보시고는 다른 곳에 가서 계약을 하신다. 공들인 손님이라 수차례 집을 같이 봤는데 조금만 생각해 본다고 하고는 다른 부동산에 가서 똑같은 물건들을 보고는 '부동산 매물이 다 비슷비슷하네' 생각하며 나와 본 매물을 다른 부동산에서 쉽게 계약해 버리는 경우도 수도 없이 많다. 이것은 내가 뭘 어떻게 한다고 해도 어쩔 수 없는 부분이다(손님을 어디 묶어놓지 않는 한 어쩔 수 없다.). 이런 상황이 얼마나 좌절스러운지는 잘 알지만 크게 괴로워하거나 분노하지 않아도 된다(그래야만 내 마음이 편하다). 다음엔 다른 부동산 사무실에서 집을 열심히 보고 나에게 쉽게 와서 계약하는 손님도 분명히 있기 때문이다. 마침 내 차례가 아니었을 뿐이다. 내가 할 수 있는 범위 안에서 최선을 다하되 불가능한 것에 대해서 괴로워하지 않아야 한다. 최선을 다해 일하는 것으로 목표로 잡아야지, 계약의 성사 유무를 목표로 잡아서는 안 된다. 계약의 완성을 최종적인 목표로 잡는다면 이건 시름의 지름길이며, 화병의 지름길이 될 것이다. 모든 계약을 웃으면서 완벽하게 끝낼 수는 없는 일이다. 하지만 나는 모든 계약에 최선을 다한다. 내 목표는 내가 만족할 만한 최선을 다하는 것이고, 아무리 열심히 노력해도 결과가 좋지 않다면 그것은 나의 몫이 아니다. 나의 몫은 어떤 일을 열심히 하는 것, 그 과정 자체이다. 남들에게는 너무 쉽고 당연한 이야기일 수도 있지만 이 정도 마인드컨트롤을 하는 것은 나에게는 득도 그 자체였다. 내가 할 수 있는 한 온 여력을 다 해서 일을 하고 그 외의 일은 세상에 맡긴다. 좋은 결과이든 나쁜 결과이든 오늘의 나는 무엇인가를 배울 것이고, 준비된 자세로 나의 차례를 기다린다. 나는 매일 나 스스로를 놓는 연습을 한다. 그럴 때마다 난 최선을 다했으니까 됐어, 하며 마음을 다잡는다.

07

누군가에겐 나쁜 사람이 된다는 것을 두려워하지 말라

많지 않은 나이에 부동산 중개를 시작했고, 한동안 손님들에게 무조건 친절해야 한다는 강박을 가지고 있었다. 온종일 미팅과 안내 시간에 쫓기며 뛰어다녔고, 나의 일을 열정 가득하게 사랑했으나, 어린 나이라는 이유로 수많은 검증의 과정을 거쳐야 했다. 손님들은 사무실에 들어와 나와 줄곧 이야기를 하면서도 눈은 벽에 걸려있는 자격증을 쫓았다. 그러다 보니 개업 초기에는 나도 모르게 사람들에게 인정받고 싶은 욕구가 날이 갈수록 커져만 갔다. 나보다 수많은 나날을 살아온 손님들 앞에서 나는 나의 능력과 지식을 매번 시험받아야 했다. 지나가는 길에 들른 단순한 방문에서 나의 손님이 되기까지 수많은 질문을 받아내는 면접을 겪어내야만 했다. 나의 손님, 나의 고객들에게 잘 보이고 싶었다. 내가 얼마나 일을 사랑하는지, 내가 이 일에 얼마나 온 정성을 쏟아내는지, 그 모든 것들을 온전하게 보여주고 싶었고, 가능하다면 내 속을 꺼내어 보여주고 싶었지만, 그것을 손님들에게 보여줄 방법은 내가 제공하는 친절과 그 친절에 되돌아오는 인정밖에 없었다. 대부분은 이런 나의 모습을 자식처럼 예뻐해 주시고, 나의 성장의 한 단계, 한 단계를 응원해주셨다. 하지만 일부 손님들은 이런 나를 훤히 꿰뚫어 보고는 온갖 트집을 잡아 중개 보수를 무참히 깎아냈다, 가격 조절을 점잖게 요청하시는 분도 있었지만 일부 손님들은 중개 보수를 깎아주지 않으면 다음에 물건을 내지 않겠다. 내가 이 동네에서 장사를 하는데 동네 입소문이 무섭지도 않느냐며 나의 심리를 이용하여 협박하기도 했다. 처음에는 참 많이도 끌려다녔다. 솔직히 처음에는 손님들의 그런 말에 겁부터 덜컥 났다. 하지만 하나를 양보하면 손님들은 다른 하나를 왜 더 내놓지 않냐고 요구했다. 물론 그런 손님의 비중은 좋은 손님들에 비해 아주 적었지만 그럼에도 많은 스트레스를 받았고 어느 날엔 자정 무렵의 시간에 매도인의 자택에 찾아가 원인 모를 사과를 하기도 했다. 일하면 할수록 마음속에서 이건 아니라는 소리가 들려왔다. 한 손님은 자녀분에게 집을 사주며 모든 계약의 과정을 나에게 맡기겠다며 신경 써달라 연신 부탁했다. 자녀분의 나이가 많이 어렸고, 바로 들어갈 집이 아니었기 때문에 매매계약과 전세계약을 동시에 진행해야 하는 계약이었다. 매도자의 급한 사정으로 가격 조건이 좋지만 잔금 일정이 긴박했던 급매물이었고, 부동산 경기가 좋지 않았던 상황이라 쏟아지는 전세물량에 세입자를 구하는 것도 쉽지 않은 상황이었다. 상황이 아쉬운 만큼, 계약 진행 중에는 거듭 잘 좀 부탁한다며 수시로 전화가 왔지만 잔금을 치르며 중개 보수를 줘야 할 때가 되자, 나에게 소리를 지르며 화를 내기 시작했다. 부동산이 뭘 했다고 돈을 이렇게 많이 받아 가냐는 것이었다. 십분의 일 정도의 금액만 받으면 주변 친구들을 많이 소개해주겠다고 했다. 그렇게는 못 하겠다고 하자, 자기가 이 동네 토박이라 아는 사람이 많은데 소문이 무섭지 않냐는 말부터, 차마 민망해서 듣기 힘든 언어폭력을 행사하였는데 그 자리에는 매도인, 매수인, 그리고 새로 집에 들어오는 세입자까지 많은 사람들이 있었고, 내가 어쩔 줄 몰라 하자 목소리는 갈수록 커져갔다. 오히려 똑같이 중개 보수를 주는 입장인 매도자가 매수자를 말리고 있었다. 떨리는 몸을 겨우 다잡고 할 일은 했지만 그날 밤은 수치심과 황망함에 밤새 괴로웠다. 모멸감도 모멸감이었지만 나에 대한 안 좋은 이야기를 하고 다니면 어떻게 하나라는 생각에 뜬눈으로 밤을 지새웠다. 일을 하면 할수록 비슷한 류의 일이 빈번하게 일어났다. 그런 일이 있었던 밤에는 뜬눈으로 생각에 생각이 꼬리를 물며 잘못한 거 하나 없는 상황이었지만 사과를 했어야 했냐라는 생각마저 들었다. 그런 사건들이 하나둘 모여 잠 못 이루는 수많은 밤들을 이루었다. 그런 수많은 밤들을 겪고 나서야, 모든 사람이 나를 좋아할 수는 없다는 사실을 알았다. 당연한 것이다. 하지만 나는 그 사실을 깨닫는 데 너무 오랜 시간이 걸렸다. 이것을 아예 모르는 바는 아니었지만 아무리 억울한 상황이어도 언성이 높아지는 그 상황을 견디기 힘들어 내가 먼저 사과하고 스스로를 낮추어 그 순간의 문제를 해결하곤 했었다, 하지만 그것은 문제 해결의 본질이 아니었다. 또한 나 스스로를 귀중히 여기지 않는 것이었다. 그뿐만이 아니라 다른 사람에게 나를 막 대할 수 있는 기회를 주는 것이었다. 돈이 엮인 상황에서 사람들과 부딪혀보면 사람의 밑바닥 모습들을 보게 된다. 모든 사람에게 과도하게 친절할 필요는 없다. 서비스의 기본은 친절이라는 말에 얽매이고 인정에 목매어 스스로의 기준에 날 가두어 스트레스를 받고 있었다. 내가 나 스스로를 낮추며 상황을 모면하기 위한 영문을 모르는 사과를 하자 누울 자리를 보고 다리를 뻗는다는 말처럼 더욱더 무례한 요구들이 이어졌다. 한 고객은 밤 10시가 다 되는 시간에 급한 일이라며 끊임없이 전화를 하더니, 전화를 받자마자 냉큼 집에 창문을 열어두고 왔다며 지금 가서 창문 좀 닫아달라는 말을 너무나 당연하게 했다. 예쁘고 착한 대표님이라며 업 계약서나 다운 계약서를 요구하기도 했고, 거절하는 나에게 소리를 지르며 윽박지르는 것도 다반사였다. 동네 장사, 그리고 좋은 게 좋은 거라는 생각만으로 버티고 있던 나의 스트레스는 매일매일이 한계점이었고, 사무실에 출근해서 손님들한테는 너무나 웃음 많고 친절한 사람이었지만 제일 사랑하는 가족들에게는 사람들 상대에 지쳐 일상적인 대화도 힘든 사람이 되었다. 서로 대화하기 좋아하는 우리 가족들은 내 주위를 어슬렁거리며 나의 눈치만 보았으며, 나는 손님들의 무례한 요구에 진절머리가 나 있었다. 그런 요구들은 어찌어찌 순간의 재치로 모면하기에는 버거운 것들이었다. 하루는 늦은 밤 시간이었다. 대부분의 사람들이 잠자리에 들 시간을 훌쩍 넘긴 때, 끊임없이 울리던 전화를 받으니 임대인이 나에게 말도 안 되는 요구를 하고 있었다. oo에게 소개받았는데 조건을 잘 맞춰주는 착한 대표라고 들었다는 것이다. 그 임대인은 나한테 불법적이고 말도 안 되는 이야기를 하고 있었다. 임차인들이 한두 푼 모은 전세보증금이 우스워 보이는 모양이었다. 그 부당한 절차 또한 차마 본인이 스스로 말하고, 행동하기는 껄끄러우니 착한 대표인 나에게 부탁한다는 것이었다. 그때 비로소 깨달았다. 조건을 잘 맞춰주는 착한 대표란 말도 안 되는 조건과 행동을 들이밀면서 붙이는 형용사 같았다. 평소 같았으면 이 핑계 저 핑계 대며 그건 안 되겠다며 말했겠지만, 더 이상은 그렇게는 안 된다는 생각이 들었다. 덤덤하게 그럴 수는 없다고 대답하자, 잠시 전화기 너머 짧은 정적이 있더니 목소리가 높아졌다. 언성이 높아지자 옆에 있는 남편이 전화를 뺏어 받으며 "부동산이 돈 받고 하는 일이 이런 게 아니냐, 맨날 하는 일이니까 덜 껄끄러울 거 아니냐" 이런 말을 했던 걸로 기억한다. 착하다고 들었는데 할 말 또박또박 하는 게 듣던 것과 다르다는 말 또한 들었다, 내가 애초에 중심을 잡았어야 했다. 나쁜 사람에게 나쁜 사람이 된다는 것을 두려워하지 말았어야 했다. 나의 인정 욕구가 손님들을 더 무례하게 만들었다. 나는 그날 밤중에 수많은 욕설을 들으면서도 내가 해야 할 말들을 모두 했다. 더 이상 나에게는 물건을 주지 않겠다며 전화를 끊었다. 그게 나를 지키고 나의 손님들을 지키는 방법이라는 것을 그 수많은 사건들을 겪고 나서야 깨달았다. 그 뒤로 그 임대인은 내 전화를 차단해 놓았는지 신호음도 가지 않았다. 꽤 많은 부동산을 가지고 있는 사람이었다. 한참 어린 내가 본인 심기를 건드려도 아주 단단히 건드린 모양이었다. 어쩔 수 없다고 생각했다. 물론 이렇게 큰 거래처가 끊길 때에는 내색은 안 했지만 가슴이 철렁했다. 부동산의 꾸준한 거래처는 부동산 소유자이며, 공산품처럼 재생산될 수 있는 것과는 다르게 모든 부동산은 유일무이하기 때문에 동일한 다른 거래처를 찾을 수 없다.

많은 매물들의 거래 루트가 끊겨버리고 나서야 내가 너무 단호하게 말했나라는 생각도 하지 않은 것은 아니다. 하지만 나는 실무에 들어와서 내가 옳다고 생각한 것을 따르며 살았다. 시간이 지나서 그 건물은 문제가 생겼고 역시나 내 결정이 옳았다는 생각을 했다. 누구에게든 미움받기를 두려워하지 않기로 했다. 누군가는 나에게 손가락질을 하고 또 누군가는 나를 싹수없다고 말할 수 있다. 하지만 할 말은 해야 한다. 누군가 잘못된 말을 전해 내 평판이 나빠질까 안절부절못하지 않는다. 누군가가 악의적으로 나쁜 말을 흘리고 다닌다고 해도, 내가 그런 사람이 아니라는 것을 해명해줄 수 있는 사람들이 훨씬 더 많다. 꼭 누군가 나서서 해명해 주지 않아도 괜찮다. 나는 앞으로도 옳은 결정을 할 것이고 지금은 누군가에게는 한심하게 보여도 시간이 지난 후에 내 결정이 옳았다는 게 밝혀질 것이기 때문이다. 나는 앞으로도 나쁜 사람에게 나쁜 사람이 되는 것을 두려워하지 않겠다. 모르는 사람들이 나에게 말하는 것보다 평생 같이 있을 나 스스로를 설득하고 이해하며 납득하는 것이 훨씬 중요하기 때문이다.

08

결국엔 사람에게 치유받는다

부동산 중개를 처음 시작하는 사람들이 가장 힘들다고 말하는 부분은 인류애를 상실한다는 것이다. 큰돈이 걸려있는 상황에 마주하다 보니 인간의 밑바닥 모습을 자주 볼 수밖에 없다. 이 점은 특히 초보 때 엄청난 충격으로 다가온다. 인터넷 기사의 댓글 창만 봐도 공인중개사에 대한 이미지가 안 좋다는 것은 눈치챘겠지만 실제로 경험하는 것은 마음이 쓰라릴 정도의 상처가 된다. 특히 부동산 사무실은 계약이 시작되고 끝날 때까지만 얼굴을 마주하는 만남이라 생각하는 경우가 많기 때문에 더욱더 예의를 지키지 않는 사람이 많은 것 같다. 사람에게 정말 많은 상처를 받지만 그래도 나는 내 일이 좋다. 나에게 모진 말로 상처를 주는 사람보다 나를 응원해 주고 신뢰해 주는 고객들이 더 많기 때문이다. 결국엔 이 상처들은 사람에게 치유받는다는 것을 명심하자. 아무리 힘들어도 이 일을 쉽사리 놓지 못하는 이유이다. 어느 추운 겨울날이었다. 나는 종일 찬바람을 맞으며 안내를 하고 있었다. 어린 나이를 커버하기 위한 격식 차린 추운 정장을 차려입고는 손님들과는 여유 있게 농담도 하고 웃으면서 안내를 하고 있었지만, 내 손가락과 발가락은 꽁꽁 얼어 감각 자체가 아예 없어져있었다. 이런 겨울날에는 퇴근 후 제일 먼저 하는 일은 얼어있는 손가락과 발가락을 따뜻한 물에 담그고는 고통에 끙끙 앓는 것이었다. 이맘때쯤 손가락과 발가락에 동상이 생긴 것은 그다지 놀랄 일도 아니었고, 동상은 발목까지 타고 올라왔다. 그해 겨울부터 나에게 동상은 고질병이 되었다. 조금만 몸이 안 좋거나 날씨가 쌀쌀해져도 동상 기운이 다시 나타난다. 그 당시 임대인의 딱한 사정으로 급하게 임대차를 맞추어야 하는 매물이 있었는데, 매일 찬바람을 맞으며 수도 없이 많은 안내를 했지만 부동산 경기가 좋지 않아서인지 계약은 쉽사리 성사되지 않았다. 그날도 어김없이 꽝꽝 얼어버린 손을 비비며 아파트 출입구에서 손님을 기다리고 있었다. 멀리서 청소도구를 들고 오는 임대인이 보였다. 집이 너무 안 나가 청소라도 해놓을까 싶어 왔다가 마주친 것이다. 사정이 너무 딱한 상황이라는 것을 알고 있어 내가 더 힘써보겠다, 최대한 빨리 계약을 진행해 보겠다는 통화는 자주 했었지만 이렇게 직접 마주치는 건 몇 번 되지 않았다. 덜덜 떨고 있는 나를 보더니 패딩 주머니 안에 있던 핫팩을 쑥 꺼내어 내 손에 꼭 쥐여 주었다. "이렇게 추운데 저희 때문에 고생이 많으시죠? 애써주셔서 너무 감사합니다"라며 나보다 한참 어린 임대인이 내 손을 한참이나 감싸며 말했다. 나는 아직도 그날을 잊지 못한다. 사무실에 돌아와서 아직 온기가 남아있는 핫팩을 한참이나 바라보았다. 집을 빼달라는 부탁 전화나 왜 이렇게까지 집을 못

빼냐며 능력 부족 아니냐는 윽박 전화에는 익숙했지만 꽝꽝 얼어있는 손을 감싸던 손과 애써주어 고맙다는 말, 그리고 핫팩의 따뜻함에 마음이 꽉 찬 느낌이었다. 그날은 마음속 깊은 곳까지 아주 따뜻했고 그런 따뜻한 마음이 나를 더 열심히 뛰게 만들었다. 결국 좋은 가격으로 임대차 계약을 해드렸고, 아직까지도 든든한 전속 매물을 내어주는 소중한 고객으로 남아있다.

한번은 이런 일도 있었다. 어느 날 평범한 문의 전화가 들어왔고, 약속을 잡아 안내를 했다. 안내를 하면서 이런저런 이야기를 하고 있는데 다짜고짜 손님이 사과할 일이 있다고 했다. 무슨 말인가 싶어 왜 그러냐고 물어보니 나한테 2년 전에 집을 보신 손님이라고 했다. 첫 신혼집을 구할 때 나와 같이 전세 매물을 봤었는데, 내가 너무 어려 보여서 나와 본 물건을 다른 곳에서 계약했다고 하셨다. 자기 또한 너무 어려서 몰랐다며 거듭 미안하다는 말과 함께 그때 너무 잘 설명해주셨는데 계속 마음에 걸려서 이번에 아기를 낳고 내 집을 구매할 때는 꼭 여기를 이용해야겠다고 생각했다고 말했다. 사실 널리고 널린 게 부동산이라 나에게 집을 보고도 다른 곳에서 계약하는 손님이 한두 명이 아닌데 그걸 여태까지 기억하고 마음에 두고 미안해하고 있었다니, 그 말만으로도 너무나 감사했다. 미안하다는 말을 듣는데 마음이 너무나 몽글몽글해졌다. 이렇게 다시 찾아주신 것만으로도 너무나 감사하다 말씀드렸다. 손님은 참 쉽게도 계약을 결정해주셨고 다음에 팔 때도 잘 부탁한다면서 기분 좋게 돌아가셨다. 손님의 기억에 내가 남아있어 이렇게 몇 년 뒤에도 찾아주니 너무나 감사할 따름이었다.

일을 하면서 이런 따뜻한 기억들을 붙잡고 산다. 오늘의 내가 힘든 분쟁에 지치고 힘들어서 모든 걸 포기하고 싶을 때, 이렇게까지 일을 해야 하나 싶을 때마다 그런 감동의 장면을 하나씩 꺼내 펼쳐본다. 우리 직업은 누군가의 소중한 순간을 함께한다. 인생의 또 다른 시작을 시작하는 신혼집을 구하는 그 순간, 평생 꿈꿔왔던 내 집 마련의 기쁨의 순간을 같이한다. 누군가의 인생에서 잊지 못할 소중한 장면에 함께할 수 있는 내 직업이 좋다. 또 이런 감동이란 게 한 번 느꼈다고 줄어들거나 없어지는 게 아니어서 그때의 장면을 꺼내볼 때마다 마음이 따뜻해진다. 사람으로 받은 상처는 결국엔 사람으로 치유된다. 일을 하면서 이렇게 소중한 장면을 마음속에, 머릿속에 차곡차곡 저장해놓자. 이런 소중한 장면들은 어떠한 힘듦도 이겨낼 수 있는 강력한 힘을 준다.

난생 처음 부동산 사무실을 차렸습니다

초판 1쇄 인쇄 2024년 6월 20일
1쇄 발행 2024년 6월 30일

지은이 **김미경**

펴낸이 **우세웅**
본문편집 **홍대욱**
기획편집 **김휘연**
표지디자인 **김세경**
본문디자인 **박정호**

종이 **페이퍼프라이스(주)**
인쇄 **(주)다온피앤피**

펴낸곳 **슬로디미디어**
신고번호 **제25100-2017-000035호**
신고연월일 **2017년 6월 13일**
주소 **경기도 고양시 덕양구 청초로66, 덕은리버워크 지식산업센터 A동 15층 18호**

전화 02)493-7780
팩스 0303)3442-7780
전자우편 slody925@gmail.com(**원고투고·사업제휴**)
홈페이지 slodymedia.modoo.at
블로그 slodymedia.xyz
페이스북.인스타그램 slodymedia

ISBN 979-11-6785-202-1 (03320)

※ 이 책은 《무작정 부동산 사무실을 차렸습니다》의 개정판입니다.